PraxisWissen

Martin Stoltefuß

Handbuch für Nachunternehmer und ihre Auftraggeber

PraxisWissen

Handbuch für Nachunternehmer und ihre Auftraggeber

von

Dr. Martin Stoltefuß
Unternehmensjurist, Münster

2025

C.H.BECK

Stoltefuß, Nachunternehmer und ihre Auftraggeber, Kap. … Rn. …

beck.de

ISBN 978 3 406 83797 5

Wilhelmstraße 9, 80801 München
info@beck.de
Druck und Bindung: Beltz Grafische Betriebe GmbH
Am Fliegerhorst 8, 99947 Bad Langensalza

Satz: Fotosatz Buck
Zweikirchener Str. 7, 84036 Kumhausen
Umschlag: Ralph Zimmermann – Bureau Parapluie

chbeck.de/nachhaltig
produktsicherheit.beck.de

Gedruckt auf säurefreiem, alterungsbeständigem Papier
(hergestellt aus chlorfrei gebleichtem Zellstoff)

Vorwort

Die Beziehung zwischen dem Nachunternehmer und seinem Auftraggeber gehört zu den wichtigsten Beziehungen im Bereich des Bauwesens. Das Funktionieren oder Nichtfunktionieren dieser Beziehung kann für den wirtschaftlichen Erfolg eines Bauprojekts von entscheidender Bedeutung sein. Bei der Betrachtung der Beziehung wird zugleich die zentrale Rolle des Auftragnehmers im Geflecht der Baubeteiligten deutlich: Er ist Auftragnehmer seines Auftraggebers, Auftraggeber seines Nachunternehmers, Handlungsadressat des Planers, des Projektsteuerers, je nach Gewerk auch der Gemeinde als Trägerin der öffentlichen Baulast usw. Ist die Beziehung zwischen dem Nachunternehmer und seinem Auftraggeber belastet, hat dies Auswirkungen auf alle anderen Beziehungen. Es ist daher angebracht, das Nachunternehmerverhältnis einer näheren Betrachtung zu unterziehen. Dieses Handbuch soll Nachunternehmern und ihren Auftraggebern dabei helfen, ihre Beziehung im beiderseitigen Interesse zu gestalten, nicht gegeneinander, sondern miteinander. Der alte Spruch, wonach man Geld im Bauprojekt nur gemeinsam verdienen kann, gilt hier umso mehr. Die nachfolgenden Ausführungen sind also nicht einseitig gestaltet, nicht auf den alleinigen Vorteil einer Partei gerichtet, sondern auf die Vorteile beider Seiten. Die Kooperationsrechtsprechung gilt auch in dem hier behandelten Verhältnis. Die positive Gestaltung auch dieser Beziehung erfordert auf beiden Seiten ein hohes Maß an Bereitschaft, täglich an der Beziehung zu arbeiten und offen dafür zu sein, ausgetretene und bequeme (und oft erfolglose) Pfade zu verlassen und sich auf neue, häufig tatsächlich unbekannte Verhaltensweisen einzulassen. Den Einsatz ist es wert, denn: Die Vergrößerung des beiderseitigen wirtschaftlichen Erfolgs ist messbar und signifikant. Was spricht also dagegen, sich „aufzuraffen", die jeweilige Komfortzone zu verlassen, Passivität durch Aktivität, Ablehnung durch Offenheit zu ersetzen? Gar nichts. In diesem Sinne wollen wir nun eine Grundlage dafür zu bieten, beim Erreichen entscheidender Weggabelungen richtig abzubiegen.

Münster, Mai 2025 Martin Stoltefuß

Inhaltsverzeichnis

Inhaltsverzeichnis

Abkürzungsverzeichnis

Abs.	Absatz
AEntG	Arbeitnehmer-Entsendegesetz
AGB	Allgemeine Geschäftsbedingungen
AP	Arbeitsrechtliche Praxis
AÜG	Gesetz zur Regelung der Arbeitnehmerüberlassung
Aufl.	Auflage
BAG	Bundesarbeitsgericht
Beck-RS	Beck-Rechtsprechung
Begr.	Begründung
BGB	Bürgerliches Gesetzbuch
BGH	Bundesgerichtshof
BT-Drs.	Bundestags-Drucksache
bzw.	beziehungsweise
ders	derselbe
dh	das heißt
DVA	Deutscher Verdingungsausschuss für Bauleistungen
ff.	folgende
Fn.	Fußnote
FraktionsE	Fraktionsentwurf
HinSchG	Hinweisgeberschutzgesetz
IBR	Immobilien und Baurecht
IBRRS	Immobilien und Baurecht, Rechtsprechung
KSchG	Kündigungsschutzgesetz
LV	Leistungsverzeichnis
MAH	Münchner Anwaltshandbuch Arbeitsrecht
mwN	mit weiteren Nachweisen
MiLoG	Gesetz zur Regelung eines allgemeinen Mindestlohns
NJW	Neue Juristische Wochenschrift
NZA	Neue Zeitschrift für Arbeitsrecht
NZBau	Neue Zeitschrift für Baurecht
OLG	Oberlandesgericht
OWiG	Ordnungswidrigkeitengesetz
SchRModG	Schuldrechtsmodernisierungsgesetz
SGB	Sozialgesetzbuch
ZfBR	Zeitschrift für Baurecht

Literaturverzeichnis

Kommentare und Bücher:

BeckOK Arbeitsrecht, Hrsg. Rolfs/Giesen/Meßling/Udsching, 73. Edition, Stand 01.09.2024

BeckOK BGB, Hau/Poseck, 72. Edition, Stand 01.02.2024

BeckOK VOB/B Cramer/Kandel/Preussner, 56. Edition, Stand 01.08.2024

Beck'scher VOB-Kommentar Ganten/Jansen/Voit, Teil B. 4. Aufl. 2023

Bolz/Jurgeleit, VOB/B, 1. Aufl. 2023

Kapellmann/Langen/Berger, Einführung in die VOB/B, 29. Aufl. 2023

Kapellmann/Messerschmidt VOB-Kommentar, Teil A/B, 8. Aufl. 2022

Kniffka/Koeble/Jurgeleit/Sacher, Kompendium des Baurechts, 5. Aufl. 2020

Krenberger/Krumm, OWiG, 8. Aufl. 2024

Leinenemann/Kues, BGB-Bauvertragsrecht, 2. Aufl. 2023

Messerschmidt/Voit, Privates Baurecht, 4. Aufl. 2022

Münchner Anwaltshandbuch Arbeitsrecht, Hrsg. Moll, 5. Aufl. 2021

Nicklisch/Weick/Jansen/Seibel, VOB/B, 5. Aufl. 2019

Stoltefuß, Baurecht für die Projektleitung, 2021

Stoltefuß/Przerwok, Baurecht für Bauunternehmen, 2024

Aufsätze:

Greeve, Illegale Beschäftigungsformen und Umgang mit Nachunternehmern – Erforderlichkeit eines Risikomanagements bei Einsatz von Nachunternehmern

Roquette/Fußy, Vertrauen ist gut, Sicherheit ist besser – Sicherheiten im Bauvertrag, NZBau 2013, 65

Steffen, Abgrenzung zwischen Kauf- und Werkvertrag, NJW-Spezial 2023, 589

Stoltefuß, Baurecht und Projektpraxis: Behinderungsmanagement als wesentlicher Teil einer partnerschaftlichen Projektabwicklung, IBR 2016, 1006 (nur online)

Literaturverzeichnis

Stoltefuß, Institutionalisiertes Konfliktmanagement: Die Herstellung des „Einvernehmens“ gemäß § 650b BGB, IBR 2019, 1001 (nur online)

Vorbemerkung: Die beidseitige Komfortzone

Im Verhältnis zwischen dem Nachunternehmer und seinem Auftraggeber bleiben in der Praxis oft viele Chancen auf gemeinsames Geldverdienen ungenutzt. „Komfortzone“ bedeutet in diesem Zusammenhang unter anderem, die Weichen bereits im Beauftragungsstadium falsch zu stellen.

> *Beispiel:*
> Die Beauftragung des Nachunternehmers erfolgt gewerkunabhängig häufig isoliert und ohne Berücksichtigung des „Hauptvertrags“[1] zwischen dem Auftraggeber des Nachunternehmers und dessen Auftraggeber.

Dies führt zu überflüssigen Unsicherheiten und erhöhtem Konfliktpotenzial. Schon die Grundlage allen weiteren Handelns (vor allem: Bauens!) passt dann nicht. Werden Vertragsgrundlagen, Bausoll, Vertragsfristen oder Abnahmeregelungen des Hauptvertrags, um nur einige Beispiele zu nennen, nicht back to back oder bei Abweichungen zumindest bewusst formuliert an den Nachunternehmer weitergegeben, droht der Auftraggeber (des Nachunternehmers) im „Cash Gap“ zu versinken, wenn er zwischen den Stühlen sitzt und Defizite seiner Weiterbeauftragung an den Nachunternehmer selbst gegenüber seinem Auftraggeber ausgleichen muss. Das kostet.

Natürlich ist hier zu differenzieren. Wird der Nachunternehmer nur mit einem Minimalausschnitt der Gesamtleistung beauftragt, zum Beispiel einer einzelnen Kernbohrung, dem Anschluss der Baustellenbeleuchtung oder dem Räumen der Baufläche, mag es häufig gerechtfertigt sein, ihn nicht mit Detailregelungen des Hauptvertrags zu überziehen. (Wobei sich in der Praxis ebenso häufig die Frage aufdrängt, warum eigentlich so kleinteilige Vergaben erfolgen ...).

Entscheidend für den wirtschaftlichen Erfolg auf dieser ersten Stufe ist aber jedenfalls in der Regel, also bei allen über bloße Einzel- oder Minimaltätigkeiten hinausgehenden Beauftragungen, die Anpassung des Nachunternehmervertrags an den Hauptvertrag. Die Komfortzone zu verlassen bedeutet dabei für den Auftraggeber, den Hauptvertrag hinsichtlich der potenziell an den Nachunternehmer zu vergebenden Teile genau zu analysieren und diese Teile dann im transparenten

[1] Im Folgenden durchgehend so bezeichnet.

Dialog mit dem Nachunternehmer unverändert (zB hinsichtlich notwendiger behördlicher Genehmigungen) oder angepasst (zB hinsichtlich der Vereinbarung von Zwischenfristen: Zwischenfrist des Hauptvertrags im Nachunterunternehmervertrag minus zwei Wochen, um die Leistung des Nachunternehmers controllen und ggf. rechtzeitig nachjustieren zu können) weiterzugeben. Auf solche Aspekte werden wir in Kapitel 2 noch detailliert eingehen.

Plakatives Negativbeispiel aus der Praxis ist die Verwendung eines „Standard-LV's" für den Nachunternehmer, das bequemerweise jede Beschäftigung mit dem Bausoll und den Vertragsgrundlagen des Hauptvertrags überflüssig macht, in vielen Fällen aber für den Auftraggeber des Nachunternehmervertrags in seiner Rolle als Auftragnehmer des Hauptvertrags zu fatalen Konsequenzen führt. Solche negativen, den wirtschaftlichen Erfolg behindernden Konsequenzen verursachen dann fast zwangsläufig Konflikte im Verhältnis zum Nachunternehmer. Dieser muss daher ebenfalls ein eigenes, aktives Interesse daran haben, dass sein Leistungssoll zu Inhalt und Struktur des Hauptvertrags passt. In der Praxis jedoch nimmt er Aufträge häufig zu passiv und zu wenig selbstbestimmt entgegen. Der Vertrag wird dann (von beiden Seiten) als notwendiges Übel, nicht als Instrument zur Durchsetzung der beidseitigen berechtigten Interessen gesehen.

Auch das Thema der Bürgenhaftung (u.a. Mindestlohn, Beiträge zur Berufsgenossenschaft, Urlaubskasse) ist oft unbekannt, gerade auch im eigenen Verhältnis zum Nach – Nachunternehmer. Fatale Folgen sind vorprogrammiert. Auch auf dieses für die Praxis so eminent wichtige Thema (die Bürgenhaftung ist in der deutschen Bauwirtschaft keine Theorie, sondern oft bittere Realität) werden wir noch näher eingehen.

Für das Nachunternehmermanagement auf der zweiten Stufe, also während der Projektphase, gilt ebenfalls, dass es auf beiden Seiten häufig nur unzureichend und „aus der Komfortzone" stattfindet. Das isolierte Management der beiden doch eigentlich untrennbar miteinander verbundenen Verträge setzt sich fort.

Zudem sind aufgrund der engen Beziehung zwischen der Projektleitung des Auftragnehmers und dem Nachunternehmer immer wieder (wechselseitig!) Compliance-Aspekte von Bedeutung. Hierbei gibt es auch im Interesse des Gesamtunternehmens keine Alternative zu vollständiger Aufklärung und angemessenen internen und externen Konsequenzen.

All diese Komfortzonen führen immer wieder dazu, dass viel Geld verloren bzw. nicht verdient wird. Diese Beträge kann man teilweise nur schätzen, in vielen Fällen aber auch eindeutig berechnen.

Vorbemerkung: Die beidseitige Komfortzone

Und wie bei den meisten Komfortzonen ist es auch in unserem baurechtlichen Zusammenhang so: Es gilt der Grundsatz „entweder – oder“. Entweder man ist dazu bereit, sich intensiv mit der Frage zu beschäftigen, wie die Transformation der Regelungen des Hauptvertrags in den Nachunternehmervertrag erfolgen muss, oder man ist eben nicht dazu bereit. Entweder, man sieht den Nachunternehmer als Partner, der im besten Fall „Gold wert“ sein kann und managt die Beziehung zu ihm entsprechend – oder nicht.

Bequeme Abkürzungen zur erfolgreichen Vertragsgestaltung gibt es nicht.

Kapitel 1
Der Nachunternehmervertrag: Für beide Seiten unverzichtbar

A. Vorfrage: Wann ist die Übertragung von Leistungen an einen Nachunternehmer überhaupt zulässig?

I. Die Bedeutung des Vertrags

Zunächst auch in diesem Zusammenhang ein Wort zum Bauvertrag. Dieser sieht häufig spezielle, von den Regelungen des §4 Abs. 8 VOB/B abweichende Regelungen zur Beauftragung von Nachunternehmern vor, die dann aufgrund der üblicherweise vereinbarten Rangfolge der Vertragsgrundlagen im Falle von Widersprüchen vorrangig sind. Auch in diesem Zusammenhang zeigt sich also wieder die unbedingte Notwendigkeit, den Vertrag zu kennen und zu verstehen und nicht vorschnell die VOB/B zur Hand zu nehmen. In Bauverträgen finden sich je nach Größe des Auftrags und je nach Unternehmenspolitik die unterschiedlichsten Bestimmungen dazu, ob und unter welchen Voraussetzungen der Auftragnehmer Nachunternehmer einsetzen darf. Eine Klausel, die die berechtigten Interessen beider Seiten berücksichtigt und im Rahmen eines guten Projektmanagements umsetzbar ist, könnte sinngemäß bestimmen, dass die Beauftragung jedes einzelnen Nachunternehmers der Zustimmung des Auftraggebers bedarf (so ist sichergestellt, dass der Auftraggeber informiert werden muss), diese Zustimmung aber zu erteilen ist, wenn kein wichtiger Grund dagegen spricht. 1

II. §4 Abs. 8 VOB/B

Die VOB/B enthält eine ausdrückliche (und ausführliche) Bestimmung zur Nachunternehmerbeauftragung. In §4 Abs. 8 VOB/B ist folgendes geregelt: 2

(8) 1. Der Auftragnehmer hat die Leistung im eigenen Betrieb auszuführen. Mit schriftlicher Zustimmung des Auftraggebers darf er

sie an Nachunternehmer übertragen. Die Zustimmung ist nicht notwendig bei Leistungen, auf die der Betrieb des Auftragnehmers nicht eingerichtet ist. Erbringt der Auftragnehmer ohne schriftliche Zustimmung des Auftraggebers Leistungen nicht im eigenen Betrieb, obwohl sein Betrieb darauf eingerichtet ist, kann der Auftraggeber ihm eine angemessene Frist zur Aufnahme der Leistung im eigenen Betrieb setzen und erklären, dass er nach fruchtlosem Ablauf der Frist den Vertrag kündigen werde (§8 Absatz 3).

2. *Der Auftragnehmer hat bei der Weitervergabe von Bauleistungen an Nachunternehmer die Vergabe- und Vertragsordnung für Bauleistungen Teile B und C zugrunde zu legen.*
3. *Der Auftragnehmer hat dem Auftraggeber die Nachunternehmer und deren Nachunternehmer ohne Aufforderung spätestens bis zum Leistungsbeginn des Nachunternehmers mit Namen, gesetzlichen Vertretern und Kontaktdaten bekannt zu geben. Auf Verlangen des Auftraggebers hat der Auftragnehmer für seine Nachunternehmer Erklärungen und Nachweise zur Eignung vorzulegen.*

3 Vorweg: Diese Regelung gilt nur, wenn

- die Geltung der VOB/B für das einzelne Vertragsverhältnis überhaupt zwischen den Parteien wirksam vereinbart ist und
- der im Regelfall höherrangige Vertrag oder andere höherrangige Vertragsgrundlagen keine abweichenden Regelungen enthalten.

4 Betrachtet man die Grundstruktur der Norm, wird ein klarer Fokus auf die Interessen des Auftraggebers (des Auftraggebers des Nachunternehmers) deutlich. Der erste Satz beschreibt (eigentlich) eine Selbstverständlichkeit: Wo sonst als im eigenen Betrieb soll der Auftragnehmer die Leistung denn ausführen? Es folgt die zentrale Wertung: Nur mit schriftlicher (!) Zustimmung des Auftraggebers darf er Leistungen an Nachunternehmer weitergeben. Das ist nachvollziehbar, denn schließlich sind es Auftraggeber und Auftragnehmer, die den Vertrag geschlossen haben. Der Auftraggeber kennt den Auftragnehmer entweder schon seit langem und hat im besten Fall ein Vertrauensverhältnis zu ihm aufgebaut, oder er hat ihn im Falle eines erstmaligen Kontakts zumindest kennengelernt, hat den Vertrag mit ihm verhandelt, technische Einzelheiten mit ihm erörtert, Absprachen zum konkreten doing auf der Baustelle getroffen, Informationen zur finanziellen Bewertung eingeholt. Vor diesem Hintergrund ist es nur konsequent, den Auftraggeber zu schützen, wenn plötzlich ein unbekannter Dritter auftaucht, von dessen Qualität letztlich natürlich auch der Auftraggeber entscheidend abhängt. Zwar ist der Nachunternehmer nicht sein Vertragspartner und er hat alle Rechte gegenüber seinem Auftragnehmer; mangelhafte oder verspätete Leistungen des Subunternehmers betreffen sein Projekt aber natürlich trotzdem.[2]

Unabhängig von den weiteren Inhalten der Norm macht auch der letzte Satz von § 4 Abs. 8 Nr. 1 VOB/B sehr deutlich, wie wichtig der Nachunternehmer auch für den „Haupt“-Auftraggeber ist: Hält sein Auftragnehmer die klaren Regeln nicht ein, kann er den Vertrag kündigen. Dafür reicht der fruchtlose Ablauf einer einzigen angemessen Frist. Die Erklärung, mit der die Fristsetzung verbunden wird, muss klar und unmissverständlich sein und beinhalten, dass der Auftraggeber das den Vertrag (ganz oder teilweise) kündigen wird, wenn der unerlaubte Einsatz des Nachunternehmers bzw. der Nachunternehmer nicht fristgerecht beendet wird. **5**

Eine interessante, gewissermaßen „umgekehrte“ Situation betrifft ein Urteil des OLG Köln aus dem Jahr 2016.[3] Danach kann der Auftraggeber den Vertrag aus wichtigem Grund kündigen, wenn der Auftragnehmer ihm suggeriert hat, dass die Leistung von einem bestimmten Nachunternehmer erbracht wurde, obwohl dies gar nicht der Fall ist. **6**

In der Praxis wird häufig leider nicht beachtet, dass der Auftragnehmer die Geltung der VOB/B vereinbaren muss, wenn er Nachunternehmer beauftragt, § 4 Abs. 8 Nr. 2 VOB/B. **7**

Ein weiteres praxisrelevantes Thema ist der Umfang der auftraggeberseitigen Zustimmung. Was in theoretischen Fallgruppen oft eindeutig ist, kann in der Realität je nach Qualität der Kommunikation zwischen den Parteien doch wieder unklar werden. Als Orientierung (es kommt auf den jeweiligen Einzelfall an!) kann festgehalten werden: **8**

Da die VOB/B in § 4 Abs. 8 Nr. 1 davon spricht, dass die Leistung mit Zustimmung des Auftraggebers „an Nachunternehmer“ vergeben werden kann, ist davon auszugehen, dass die Weitervergabe jedenfalls grundsätzlich auch an mehrere Nachunternehmer erfolgen kann.[4] **9**

---

[2] Vgl. Kapellmann/Messerschmidt/Merkens VOB/B § 4, Rn. 202 mit dem zutreffenden Hinweis auf das schützenswerte Interesse des Auftraggebers daran, zu wissen, wer sich „auf seiner Baustelle“ aufhält, weil dieser ja schließlich auch für die Aufrechterhaltung der allgemeinen Ordnung auf der Baustelle zuständig sei und das Zusammenwirken der verschiedenen Unternehmer regeln müsse.

[3] OLG Köln Urt. v. 5.10.2016 – 8 U 58/14, IBRRS 2017, 0717 = IBR 2017, 258; dazu Leinemann/Kues/Geheeb BGB § 648a BGB, Rn. 17.

[4] So auch Ganten/Jansen/Voit/Junghenn VOB/B § 4 Abs. 8 Rn. 19a.

10 Dass ferner zu berücksichtigen ist, ob der Auftraggeber – wozu er berechtigt ist[5] – die Zustimmung nur zur Vergabe an einen oder mehrere bestimmte Nachunternehmer oder beschränkt auf bestimmte Leistungen erteilt hat, dürfte selbstverständlich sein. Darauf beruhend ist die Beurteilung klar, wenn der Nachunternehmer später ausgetauscht werden soll. Im Falle einer auf bestimmte Nachunternehmer beschränkten Zustimmung ist der nachträgliche Austausch logischerweise zustimmungspflichtig. Entsprechendes gilt für die Erweiterung oder Änderung von Leistungen/Leistungsteilen, die in der Zustimmungserklärung des Auftraggebers genannt sind.[6]

11 Zu beachten ist ferner, dass der Auftraggeber, ebenfalls als Ausdruck seiner Schutzwürdigkeit, in der Gestaltung seiner Zustimmung frei ist; er kann die Zustimmung auch an Auflagen und Zustimmungen knüpfen und sie auf sonstige Weise einschränken.[7]

12 **Noch ein Hinweis:** Für die schriftliche Zustimmung des Auftraggebers gelten die §§ 182 bis 184 BGB, wonach die Zustimmung jedenfalls grundsätzlich vor der Vergabe an den Nachunternehmer (§ 183 BGB, Einwilligung) oder nach der Vergabe (§ 184 BGB, Genehmigung) erfolgen kann.[8] In diesem Zusammenhang sind u.a. folgende Aspekte zu berücksichtigen: Erstens ist in der VOB/B vorgehenden Vertragsbestandteilen oft die Regelung enthalten, dass die Zustimmung **vor** Beauftragung des Nachunternehmers zu erteilen ist. Zweitens, selbst dann, wenn das nicht der Fall sein sollte: Auch der Vertrag zwischen dem Nachunternehmer und seinem Auftraggeber ist ein Langzeitvertrag. Die Parteien sind oft über Monate oder sogar Jahre aneinander gebunden und voneinander abhängig. Auch in ihrem Verhältnis gilt die Kooperationsrechtsprechung mit ihren Erfordernissen an Partnerschaft und Kommunikation. Unabhängig von vertraglichen Regelungen oder § 4 Abs. 8 VOB/B sollte der Auftragnehmer mit seinem Auftraggeber offen und partnerschaftlich kommunizieren, bevor er Leistungen an Nachunternehmer vergibt. Je einvernehmlicher die Weitervergabe erfolgt, desto weniger Konfliktpotenzial (für **beide** Vertragsverhältnisse, also für den Hauptvertrag und den Nachunternehmervertrag) enthält sie. Kommunikation ist entscheidend.

---

[5] Vgl. BeckOK VOB/B Cramer/Kandel/Preussner/Fuchs VOB/B § 4 Abs. 8 Rn. 9.

[6] Dazu BeckOK VOB/B Cramer/Kandel/Preussner/Fuchs VOB/B, § 4 Abs. 8 Rn. 9.

[7] Vgl. Ganten/Jansen/Voit/Junghenn VOB/B § 4 Abs. 8 Rn. 36 mwN.

[8] Ganten/Jansen/Voit/Junghenn VOB/B § 4 Abs. 8 Rn. 19a.

Dies gilt auch im Zusammenhang mit einer weiteren interessanten Thematik, nämlich der in § 4 Abs. 8 Satz 3 VOB/B enthaltenen Ausnahme. Danach nämlich ist die Zustimmung des Auftraggebers nicht notwendig bei Leistungen, auf die der Betrieb des Auftragnehmers nicht eingerichtet ist. 13

Das wirft gleich mehrere Fragen auf. Kann es richtig sein, dass einerseits das Zustimmungserfordernis und die Schutzwürdigkeit des Auftraggebers so ernst zu nehmen sind, wie es oben geschildert wurde, und andererseits der Auftraggeber völlig rechtlos ist, nur weil der Betrieb des Nachunternehmers nicht auf die Leistung eingerichtet ist? Muss er das denn nicht sein, wenn der Nachunternehmer sein Angebot legt? 14

So einfach kann es natürlich nicht sein. 15

Zunächst: Die Norm ist eng auszulegen. Ohne Hinweis- und Kommunikationspflichten auf Seiten des Nachunternehmers wäre sein Auftraggeber in der Tat rechtlos. Wer einen Auftrag annimmt, muss zu seiner Ausführung in der Lage sein, und zwar grundsätzlich auch dazu, ihn im eigenen Betrieb zu erbringen. Über die Notwendigkeit auf Seiten des Auftraggebers zu wissen, wer eigentlich auf seiner Baustelle Leistungen für ihn erbringt, haben wir oben gesprochen. Er kann also Aufklärung vom Nachunternehmer erwarten, ob dessen Betrieb überhaupt zur Erbringung der Leistung in der Lage ist. Erwarten, nicht nur verlangen. Der Nachunternehmer ist also dazu verpflichtet, von sich aus für Aufklärung zu sagen, und zwar schon dann, wenn er auch nur Zweifel an der eigenen Leistungsfähigkeit hat. Überhaupt dürften auf Grundlage obiger Überlegungen ohnehin nur Nebenleistungen von der Ausnahmeregelung erfasst werden.[9] 16

III. Die Rechtslage ohne Vereinbarung der VOB/B

Und wenn die VOB/B nicht vereinbart ist? 17

Im BGB ist die Pflicht zur Eigenleistung und entsprechend auch nicht die Pflicht, die Zustimmung des Auftraggebers vor Vergabe von Leistungen an Nachunternehmer einzuholen, nicht erwähnt. Deshalb wird formuliert, dass das BGB „keine Pflicht zur Selbstausführung kennt".[10] Das ist, legt man den reinen Gesetzestext zugrunde, zu- 18

[9] Dazu zutreffend und instruktiv Kapellmann/Messerschmidt/Merkens VOB/B § 4, Rn. 208.

[10] So Nicklisch/Weick/Jansen/Seibel/Gartz, § 4 Rn. 163; auch Kapellmann/Messerschmidt/Merkens VOB/B § 4, Rn. 204 stellt lediglich fest, dass es eine entsprechende Regelung im Werkvertragsrecht des BGB nicht gibt.

nächst richtig. Legt man jedoch die den § 4 Abs. 8 VOB/B prägenden Überlegungen zugrunde, wird man zum Ergebnis kommen müssen, dass die Interessenlage (vor allem die des Auftraggebers!) identisch ist, und zwar unabhängig davon, ob die VOB/B vereinbart wurde oder nicht. Die Vergabe von Teilleistungen oder sogar der Gesamtleistung an Fremde ist für den Auftraggeber in vielen Fällen schlicht inakzeptabel, was sich häufig erst im Projektverlauf zeigt. Unabhängig von der den Praktiker ohnehin nicht interessierenden dogmatischen Herleitung (vertragliche Nebenpflicht? Ausdruck des Kooperations- und Kommunikationsgebots?) wird man also davon ausgehen müssen, dass der Auftragnehmer die Weitervergabe an Nachunternehmer tunlichst mit seinem Auftraggeber abstimmen sollte.[11]

B. Gestaltungsmöglichkeiten

19 Unabhängig davon, welche Vertragsart man gemeinsam wählt, sollte die Vereinbarung zwischen dem Nachunternehmer – wie bei allen baurechtlichen Verträgen – klar und eindeutig sein und der Bedeutung der Vertragsbeziehung für den Erfolg des Projekts gerecht werden. Im Idealfall wissen beide Parteien, was sie tun und was die zwischen ihnen vereinbarten Klauseln bedeuten. Die Praxis zeigt, dass dies keineswegs selbstverständlich ist. In manchen Fällen ist der Nachunternehmer einfach froh, den möglicherweise dringend benötigten Auftrag zu bekommen; dann „unterschreibt er alles". Der Auftraggeber wiederum sieht das Nachunternehmerverhältnis oft als bloßes „Anhängsel" des Hauptvertrags und geht entsprechend nachlässig mit der Vertragsgestaltung um. Solche Konstellationen mögen manchmal als für eine Seite vorteilhaft wirken; das erweist sich jedoch oft als fataler Trugschluss. Beide Seiten sind gut beraten, den Vertrag sehr ernst zu nehmen. Schließlich ist er die Grundlage für ihre gesamte weitere Zusammenarbeit in diesem Projekt.

---

[11] Nicklisch/Weick/Jansen/Seibel/Gartz, § 4 Rn. 163 weist deshalb zurecht darauf hin, dass es dem Auftraggeber auch außerhalb der Auftragsvergabe nach VOB/A darauf ankommen wird, dass der Auftragnehmer, mit dem er verhandelt und dessen Eignung ihn zur Beauftragung überzeugt, dann auch tatsächlich die Leistung ausführt.

I. Werkvertrag

Der Nachunternehmervertrag ist ein Werkvertrag. Das hat Auswirkungen auf viele unserer Themen. 20

§ 631 BGB
Vertragstypische Pflichten beim Werkvertrag

(1) Durch den Werkvertrag wird der Unternehmer zur Herstellung des versprochenen Werkes, der Besteller zur Entrichtung der vereinbarten Vergütung verpflichtet.

(2) Gegenstand des Werkvertrags kann sowohl die Herstellung oder Veränderung einer Sache als auch ein anderer durch Arbeit oder Dienstleistung herbeizuführender Erfolg sein.

Die in der Praxis wichtigste Erscheinungsform des Werkvertrags ist der Bauvertrag: 21

§ 650a BGB
Bauvertrag

(1) Ein Bauvertrag ist ein Vertrag über die Herstellung, die Wiederherstellung, die Beseitigung oder den Umbau eines Bauwerks, einer Außenanlage oder eines Teils davon. Für den Bauvertrag gelten ergänzend die folgenden Vorschriften dieses Kapitels.

(2) Ein Vertrag über die Instandhaltung eines Bauwerks ist ein Bauvertrag, wenn das Werk für die Konstruktion, den Bestand oder den bestimmungsgemäßen Gebrauch von wesentlicher Bedeutung ist.

Das bedeutet zunächst, dass der Nachunternehmer seine Leistung 22
eigenverantwortlich zu erstellen hat.[12] Dies wiederum bedeutet unter anderem, dass er selbst darüber entscheidet, wie er seine Leistungen erbringt. Natürlich hat er die Rahmenbedingungen, die ihm der geschlossene Vertrag vorgibt, zu beachten, insbesondere also Bausoll und Fristen und die weiteren Vertragsbedingungen zum Beispiel zur Abnahme. Innerhalb dieses Rahmens ist der Nachunternehmer jedoch frei in seinen Entscheidungen, beispielsweise – wenn der Vertrag keine Regelung dazu enthält – hinsichtlich der Reihenfolge der Erbringung einzelner Leistungsabschnitte oder der Frage, wie viele Personen oder Kolonnen auf der Baustelle sind. Sind seine Entscheidungen falsch, hat der Auftraggeber umfangreiche Rechte, wenn der Nachunternehmer beispielsweise in Verzug gerät. Diese Rechte reichen bis zur Vertragskündigung. Ein Beispiel aus der VOB/B:

§ 5
Ausführungsfristen

(3) Wenn Arbeitskräfte, Geräte, Gerüste, Stoffe oder Bauteile so unzureichend sind, dass die Ausführungsfristen offenbar nicht eingehalten

[12] Dazu Ganten/Jansen/Voit/Junghenn VOB/B § 4 Abs. 8 Rn. 15.

werden können, muss der Auftragnehmer auf Verlangen unverzüglich Abhilfe schaffen.

(4) Verzögert der Auftragnehmer den Beginn der Ausführung, gerät er mit der Vollendung in Verzug, oder kommt er der in Absatz 3 erwähnten Verpflichtung nicht nach, so kann der Auftraggeber bei Aufrechterhaltung des Vertrages Schadensersatz nach § 6 Absatz 6 verlangen oder dem Auftragnehmer eine angemessene Frist zur Vertragserfüllung setzen und erklären, dass er nach fruchtlosem Ablauf der Frist den Vertrag kündigen werde (§ 8 Absatz 3).

23 Selbständigkeit und Eigenverantwortlichkeit des Nachunternehmers haben auch Auswirkungen auf das Thema der unerlaubten Arbeitnehmerüberlassung, auf das wir unten noch wiederholt näher eingehen werden.

24 Ein Nachunternehmervertrag in einer einheitlichen Urkunde, sei er nun mit „Vertrag", „Bauvertrag" oder „Nachunternehmer-Werkvertrag" überschrieben, ist einer der vertraglichen Hauptfälle bei der Nachunternehmerbeauftragung. Ignorieren wollen wir an dieser Stelle ganz bewusst die Fälle der mündlichen Auftragsvergabe. Wenn „Josef aus dem Nachbardorf" die „Anschlüsse" oder wahlweise „den Tiefbau" oder „die Verschalung" „macht", sind derartig viele Probleme vorprogrammiert, dass an dieser Stelle die dringende Empfehlung genügen soll, die vertragliche Beziehung unbedingt schriftlich und mit allen wichtigen Inhalten, auf die wir sogleich noch näher eingehen werden, festzuhalten. Ein mündlicher Vertrag ohne **nachweisbare** Vereinbarungen zum Beispiel im Hinblick auf:

- die Vertragsbestandteile (Aspekte des Hauptvertrags, zum Beispiel, ist die Beauftragung überhaupt schon wirksam oder aufschiebend bedingt durch die noch ausstehende Gewährung von öffentlichen Fördermitteln? Planunterlagen? Leistungsverzeichnisse? Genehmigungserfordernisse? Besprechungsprotokolle? etc.
- die Geltung der VOB/B
- das genaue Bausoll
- die Vertragsfristen
- die Vergütung
- die Pflichten des Nachunternehmers im Hinblick auf die Zahlung des Mindestlohns, der Beiträge zur Berufsgenossenschaft, soweit einschlägig der Beiträge zur SOKA-Bau (u.a. Urlaubs- und Lohnausgleichskasse der Bauwirtschaft (ULAK) und Zusatzversorgungskasse des Baugewerbes AG (ZVK), die Pflichten gemäß AEntG und die Vorlage der entsprechenden **Nachweise** dazu.

Dies alles kann so viel Ärger machen, dass darüber ein gesondertes Handbuch der Reihe PraxisWissen geschrieben werden könnte. **25**

II. Das System Verhandlungsprotokoll

Ein Werkvertrag bzw. Bauvertrag muss aber nicht zwingend in einer Vertragsurkunde enthalten sein. Allgemein gesprochen besteht ein Vertrag aus Angebot und Annahme, was dazu führt, dass sich bei der Nachunternehmerbeauftragung die häufig genutzte Form des Verhandlungsprotokolls anbietet. Kurz gesagt findet der Ablauf wie folgt statt: Der Nachunternehmer und sein Auftraggeber verhandeln über den Inhalt eines (in den meisten Fällen vom Auftraggeber konzipierten) Verhandlungsprotokolls. Dieses Protokoll enthält bereits alle Inhalte des Vertrags, also insbesondere die Regelung der Vertragsgrundlagen und ihrer Rang- und Reihenfolge für den Fall von Widersprüchen oder Lücken[13], das Bausoll, die Vergütung, die Vertragsfristen. Allerdings „ist" das Verhandlungsprotokoll noch nicht der Vertrag, sondern enthält den Inhalt des Nachunternehmer-Angebots. Das ursprüngliche, „erste" Angebot des Nachunternehmers wird durch das Verhandlungsprotokoll also ergänzt und modifiziert. Das ist im Text des Protokolls dann an mehreren Stellen zu berücksichtigen, beispielsweise in der Aufzählung der Vertragsgrundlagen (wenn an erster Stelle eben nicht „dieser Vertrag" aufgelistet ist, sondern „dieses Verhandlungsprotokoll") und eben der sinnvollerweise aufzunehmenden Klarstellung, dass der Vertrag nicht durch Unterzeichnung des Protokolls, sondern erst durch gesonderte Annahmeerklärung des Auftraggebers zustande kommt. **26**

Der Grund für diese Vorgehensweise liegt in einer erhöhten Flexibilität des Auftraggebers. Er kann mit mehreren potenziellen Nachunternehmern verhandeln und sich letztlich denjenigen „aussuchen", der seinen Vorstellungen – ob finanziell oder in anderer Hinsicht – am besten entspricht. Dieser bekommt dann das Zuschlagsschreiben, in dem der Auftrag unter Bezugnahme auf das Verhandlungsprotokoll erteilt wird. **27**

Wem dieses System zu kompliziert ist, der kann die „klassische" Variante einer einheitlichen Vertragsurkunde wählen, die dann alle notwendigen Vertragsinhalte aufweist und durch Unterzeichnung direkt die Bindung beider Parteien an den Vertrag bewirkt. **28**

[13] Dazu ausführlich Stoltefuß, Rn. 19 ff.

29 Die Vertragsinhalte werden wir uns in → Kapitel 2 Rn. 1 ff. näher ansehen.

III. Rahmenvertrag mit Einzelabruf

30 Der Abschluss eines Rahmenvertrags ist immer dann sinnvoll, wenn Regelungen „vor die Klammer gezogen“ werden können, aber beispielsweise noch nicht die Reihenfolge einzelner, mit Vertragsfristen hinterlegter Leistungen bekannt ist.[14] Werden Ausbaugebiete in einer Stadt nach Stadtteilen oder Straßen vergeben, bietet sich ein Rahmenvertrag an, der die für alle nachfolgenden Einzelabrufe gültigen Regelungen enthält. Hier sind beispielhaft die Bestimmungen über Sicherheitsleistungen, über die Vorlage von Nachunternehmerbescheinigungen zum Mindestlohn (und weiteren Bescheinigungen) oder auch zur Abnahme (nach dem Willen der Parteien sollen die Leistungen bei jedem Einzelabruf ausschließlich förmlich abgenommen werden) zu nennen.

Die Vereinbarung von Preislisten bereits im Rahmenvertrag sollte von beiden Parteien gerade in unruhigen Zeiten, wenn Materialpreissteigerungen teilweise nur schwer vorherzusagen sind, gut überlegt werden.

31 Im Einzelabruf können dann beispielsweise die einschlägigen Vertragsgrundlagen, das konkrete Bausoll und die dafür geltenden Vertragsfristen vereinbart werden.

32 Beidseitig wichtig in baurechtlichen Rahmenverträgen ist immer wieder:

- ob der Auftragnehmer einen Anspruch auf Erteilung eines oder mehrerer Einzelabrufe haben soll und
- ob der Auftragnehmer das Recht haben soll, Einzelabrufe abzulehnen.

33 Beides sollte man sich gut überlegen, offen diskutieren und klar und eindeutig im Rahmenvertrag festhalten. Will der Auftraggeber sich für alle Einzelabrufe zu dem Rahmenvertrag an den Nachunternehmer binden oder nicht? Ist der Nachunternehmer wirklich wirtschaftlich, personell und technisch in der Lage, einen Einzelabruf zu realisieren? Hierfür ist unter anderem von Bedeutung, wie es um seine Personaldecke beschaffen ist, ob er selbst mit verlässlichen Nach- Nachunter-

[14] Zu weiteren Aspekten des Rahmenvertrags mit Nachunternehmern ausführlich Stoltefuß/Przerwok, Rn. 244 ff.

nehmern arbeitet, wie detailliert bereits seine Auslastung zum Zeitpunkt des Abschlusses des Rahmenvertrags zu überblicken ist.

Jedoch Achtung: Nicht selten wird der Rahmenvertrag in der Baupraxis als „Allheilmittel" angesehen, das eine detaillierte Beschäftigung mit dem Einzelabruf unnötig macht. Das ist falsch. Erst der Einzelabruf führt zur vertraglichen Konkretisierung. Er ist mit größter Sorgfalt zu formulieren und auch zu dokumentieren. Bereits im Rahmenvertrag ist detailliert festzuhalten, wie und mit welchem Inhalt der Einzelabruf erfolgt, am besten bereits unter Beifügung einer Vertragsgrundlage für den Einzelabruf. Im Falle der Vereinbarung elektronischer Abrufsysteme gilt die Dokumentationsnotwendigkeit im besonderen Maße. Die Erteilung oder Annahme eines Einzelabrufs, die im „Nirvana" der auftraggeberseitigen IT-Systeme verschwindet, hilft niemandem und führt auf beiden Seiten zu vermeidbarer Rechtsunsicherheit. Eine streitige Auseinandersetzung darüber, ob und wenn ja, wann und mit welchem Inhalt ein Einzelabruf erfolgt ist, ist nun wirklich überflüssig und ärgerlich. Gerade in solchen Fällen ist also die dokumentierte Klarheit und Vollständigkeit des Einzelabrufs einschließlich aller Vertragsgrundlagen von größter Bedeutung. Der Nachunternehmer ist hier gut beraten, sich (auch in diesem Punkt) nicht zu schnell „abspeisen" zu lassen und hartnäckig zu bleiben. Die Dokumentation der wirksamen Erteilung des Einzelabrufs ist für ihn mindestens so wichtig wie für seinen Auftraggeber. 34

IV. Im Nachunternehmerverhältnis besonders wichtig: VOB/B oder BGB?

Bereits an anderer Stelle[15] haben wir uns die Vorteile der VOB/B näher angeschaut. Auch und gerade im Nachunternehmerverhältnis ist es wichtig, eine klare, möglichst unkomplizierte Richtschnur für das Vertrags- und Projektmanagement zu haben. Die VOB/B hat auch nach Aufnahme des „neuen" Bauvertragsrechts in das BGB immer noch viele Vorteile. Zwar erfolgte im BGB eine begrüßenswerte Ausdifferenzierung der verschiedenen Vertragstypen – Bauvertrag und Verbraucherbauvertrag, als Unterfall des Werkvertrags, Architektenvertrag und Ingenieurvertrag, Bauträgervertrag- mit jeweils eigenen Regeln; um zu den typischerweise im Projektverlauf auftretenden Situationen zu gelangen, ist jedoch häufig eine Kombination mit weiteren Vorschriften des BGB erforderlich. Natürlich lassen sich zur 35

[15] Stoltefuß, Rn. 169.

Beziehung zwischen dem BGB und der VOB/B und ihrer Wertigkeit im Projekt verschiedene Auffassungen vertreten. Aus Sicht des Autors bietet die klare Struktur, die Konzentration auf das Wesentliche und die Behandlung genau der Themen, um die es dem Praktiker geht (man denke nur an § 15 VOB/B, der das Thema Stundenlohn in allen wesentlichen Punkten erfasst, an die Bedenken- und Behinderungsregeln oder auch die Gewährleistung in § 13 VOB/B) jedoch viele Vorteile. Die häufig gestellte Frage, was denn aus der isolierten Sicht des Auftraggebers (oder des Auftragnehmers) „besser" sei, BGB oder VOB/B, läuft ins Leere, weil klare, praxisbezogene Regelungen für beide Seiten gut sind. Aussagen wie „Wenn wir die Geltung der VOB/B nicht vereinbaren, kann der Auftragnehmer keine Behinderungsanzeige stellen" sind nicht nur juristisch falsch, sondern verkennen auch den positiven Gehalt einer Behinderungsanzeige als Warn- und Informationsinstrument zugunsten des Auftraggebers.

36 Vor allem bei großen Bauvorhaben, deren Realisierung sich über einen langen Zeitraum erstreckt, berücksichtigt das Werkvertragsrecht des BGB die Bedürfnisse der Praxis nicht ausreichend.[16]

37 Zwei wesentliche Regelungen verstärken die Bedeutung der VOB/B, indem sie die Pflicht zu ihrer Vereinbarung statuieren[17]:

38 Gemäß § 8a Abs. 2 Satz 1 VOB/A 2019/§ 8a EU Abs. 1 Satz 1 VOB/A 2019 haben öffentliche Auftraggeber vorzuschreiben, dass die VOB/B Vertragsbestandteil wird. Diese Vorgabe wird im Rahmen öffentlicher Vergabeverfahren natürlich beachtet.

39 Ist die Geltung der VOB/B im Verhältnis zwischen Auftraggeber und Auftragnehmer vereinbart, bestimmt § 4 Abs. 8 Nr. 2 VOB/B, dass sie bei der Weitervergabe an Nachunternehmer ebenfalls zugrunde zu legen ist. Diese Vorgabe wird häufig nicht beachtet, da die Vorschrift den Projektbeteiligten in vielen Fällen schlicht unbekannt ist.

40 Als aktuelle Tendenz in vielen Verträgen ist zu beobachten, dass seitens des Auftraggebers (auch des Auftraggebers des Nachunternehmers) nur die für ihn „guten" Teile der VOB/B höchstrangig in den Vertrag aufgenommen werden und damit der für den Nachunternehmer „gute" Teil wegfällt und dem Auftraggeber keinen Ärger bereiten kann. Diese Vorgehensweise führt nicht nur häufig zu Unklarheiten, sondern kann gerade bei der Gestaltung eines für alle Nachunternehmer verwendeten Vertragsmusters zu AGB-rechtlichen Unwirksamkeitsproblemen führen.

---

[16] So zutreffend BeckOK VOB/B/Wieseler VOB/B § 1 Rn. 1.

[17] Darauf weist Bolz/Jurgeleit/Bolz VOB/B vor § 1 Rn. 5 hin.

Berechtigte Kritik am DVA[18] (Verdingungsausschuss für Bauleistungen), der für die (Weiter-)Entwicklung der VOB/B berechtigt ist, soll an dieser Stelle nicht verschwiegen werden. Beispielhaft sei hier das Festhalten an §16 Abs. 3 VOB/B zu nennen. Wird die VOB/B gegenüber einem Unternehmer nicht „als Ganzes", also ohne höherrangige Änderungen, vereinbart, ist der Weg zur AGB-rechtlichen Inhaltskontrolle eröffnet. Bei ihrer Verwendung gegenüber Verbrauchern ist dies stets der Fall, also unabhängig davon, ob die VOB/B insgesamt und ohne Änderungen vereinbart wird oder nicht.[19] Findet diese Inhaltskontrolle statt, ist die Auffassung der Rechtsprechung einhellig: Die Regelung ist unwirksam.[20] **41**

Das Festhalthalten des DVA an solchen Regelungen und die teilweise verbesserungswürdige Transparenz einzelner Normen[21] ist kritikwürdig; trotz solcher Schwächen jedoch ist die VOB/B aus Sicht des Autors den Regelungen des BGB vorzuziehen. **42**

C. Die effektive Transformation einzelner Inhalte des „Hauptvertrags" in den Nachunternehmervertrag

… erspart beiden Seiten viel Ärger. **43**

Dennoch eine wichtige einschränkende Bemerkung vorab: **44**

Wird der Nachunternehmer mittels eines für alle Nachunternehmerbeauftragungen gültigen Werkvertrags (zum Beispiel, wie oben dargelegt, in Form eines Verhandlungsprotokolls nebst gesonderter Beauftragung oder eines Rahmenvertrages mit Einzelabruf) beauftragt, liegen Allgemeine Geschäftsbedingungen vor, wenn die Voraussetzungen des §305 Abs. 1 BGB erfüllt sind.

Dieser lautet: **45**

§305 Einbeziehung Allgemeiner Geschäftsbedingungen in den Vertrag
(1) Allgemeine Geschäftsbedingungen sind alle für eine Vielzahl von Verträgen vorformulierten Vertragsbedingungen, die eine Vertragspartei (Verwender) der anderen Vertragspartei bei Abschluss eines Vertrags

---

[18] Insbesondere von Kapellmann/Messerschmidt/von Rintelen VOB/B vor §1 Rn. 4f.

[19] Zu diesem Themenkomplex ausführlich Stoltefuß Rn. 152ff.

[20] Vgl. zB BGH Urt. v. 19.3.1998 – VII ZR 116/97, IBR 1998, 235 = ZfBR 1998, 193.

[21] Auch hierzu Kapellmann/Messerschmidt/von Rintelen VOB/B vor §1 Rn. 5 .

stellt. Gleichgültig ist, ob die Bestimmungen einen äußerlich gesonderten Bestandteil des Vertrags bilden oder in die Vertragsurkunde selbst aufgenommen werden, welchen Umfang sie haben, in welcher Schriftart sie verfasst sind und welche Form der Vertrag hat. Allgemeine Geschäftsbedingungen liegen nicht vor, soweit die Vertragsbedingungen zwischen den Vertragsparteien im Einzelnen ausgehandelt sind.

46 Die Einordnung vertraglicher Regelungen als „Allgemeine Geschäftsbedingung" dient dem Schutz der „anderen Seite", also desjenigen, gegenüber dem die AGB angewendet werden.[22] Dieser (ob Unternehmer oder Privatperson) sieht sich häufig mit AGB konfrontiert, die er in einzelnen Situationen realistischerweise gar nicht prüfen und bewerten kann. Sein Schutz wird dadurch verwirklicht, dass das BGB Normen mit Auflistungen dazu enthält, in welchen Fällen AGB unwirksam sind, so – mit den Einschränkungen in § 310 BGB insbesondere in den §§ 305c und 307. Ergänzend sorgt die Rechtsprechung für den Schutz der anderen Vertragspartei.

47 AGB liegen dann nicht vor, wenn die in Frage stehende Regelung „im Einzelnen ausgehandelt" wurde. Dieses Merkmal wird von der Rechtsprechung zurecht nur unter strengen Voraussetzungen bejaht, um ein Umgehen des Schutzbereichs der AGB-Normen zu verhindern.

48 Nun zurück zur Nachunternehmerbeauftragung: Der mit dem Nachunternehmer zu synchronisierende Hauptvertrag enthält nicht selten solche „im Einzelnen ausgehandelte" Individualvereinbarungen, die dann also nicht dem Schutz des AGB-Rechts unterliegen. In Individualvereinbarungen sind also deutlich mehr wirksame Regelungen möglich als in Allgemeinen Geschäftsbedingungen. Das bedeutet: Dieselbe Regelung kann in einer Individualvereinbarung wirksam, in Allgemeinen Geschäftsbedingungen jedoch unwirksam sein.

49 Warum handelt es sich beim Inhalt des Hauptvertrags in weniger Fällen um AGB als im Nachunternehmervertrag? Weil insbesondere ein Generalunternehmervertrag oft über mehrere Wochen oder auch Monate verhandelt wird. Regelungen werden vorgeschlagen, verhandelt, verworfen, durch Alternativen oder Mittelwege ersetzt etc. Dieser Vorgang erreicht dann in vielen Fällen den Grad einer Individualvereinbarung. Und der Nachunternehmer? Bekommt sein vorformuliertes Verhandlungsprotokoll oder seinen vorformulierten Rahmenvertrag. Die darin enthaltenen, auf das einzelne Projekt bezogenen Details (zB Bausoll, Preis, Vertragsfristen), reichen nicht aus, um den AGB-Charakter der vorformulierten Passagen zu verdrängen.

[22] Näher Stoltefuß, Rn. 131 ff.

Problematisch sind beispielsweise Regelungen, die die Abnahme der Nachunternehmerleistung von der Abnahme der Auftraggeberleistung durch dessen Auftraggeber abhängig machen. Das ist zwar ein durchaus beliebtes Stilmittel, lässt aber völlig unberücksichtigt, dass der Nachunternehmer ein eigenes Recht auf Abnahme hat, das nichts mit dem Recht seines Auftraggebers gegenüber dessen Auftraggeber zu tun hat. Der Hintergrund, warum solche Klauseln immer wieder auftauchen, ist zwar verständlich, das macht es aber rechtlich nicht besser: Der Auftraggeber des Nachunternehmers möchte verhindern, dass er selbst bei einer seiner eigenen Abnahme zeitlich vorausgehenden Abnahme der Nachunternehmerleistungen Mängel übersieht, die sein Auftraggeber ihm gegenüber berechtigt geltend macht. Im schlimmsten Fall sind das wesentliche Mängel, die die Abnahmereife hindern, mit der Folge, dass der identische Leistungsinhalt im einen Vertragsverhältnis abgenommen wird und im anderen Vertragsverhältnis zur Abnahmeverweigerung führt. **50**

Es mag Ausnahmesituationen geben, in denen die zeitliche Taktung der beiden Abnahmen zufällig oder geplant passt; solche Situationen prägen allerdings nicht die Baupraxis. **51**

Ein weiteres aus Sicht des Auftraggebers verständliches, juristisch aber problematisches Thema, ist das „Durchstellen" einer Kündigung des Hauptvertrags durch den eigenen Auftraggeber an den Nachunternehmer. Wird in einem als Allgemeine Geschäftsbedingung einzustufenden Nachunternehmervertrag vereinbart, dass der Auftraggeber den Vertrag im Falle der eigenen Kündigung außerordentlich kündigen darf, ist jedenfalls dann von der Unwirksamkeit der Klausel auszugehen, wenn die Vergütungsfolgen der freien Kündigung gemäß § 648 Satz 2 BGB bzw., wenn die Geltung der VOB/B wirksam vereinbart ist, § 8 Abs. 1 Nr. 2 VOB/B ausgeschlossen sind.[23] **52**

Kurz gefasst: So sinnvoll und notwendig es ist, Regelungen aus dem Hauptvertrag in den Nachunternehmervertrag zu transferieren, so sehr ist auch von der schematischen, unreflektierten Übernahme einzelner Bestimmungen abzuraten.[24] **53**

Erst recht unzureichend ist die schlichte Verweisung auf den „Hauptvertrag"; dies ist weder sachgerecht noch, siehe oben zum **54**

---

[23] OLG Karlsruhe Urt. v. 21.10.1993 8 U 40/93, IBR 1995, 379; Messerschmidt/Voit/Richter I. Teil D, Rn. 242.

[24] Vgl. Messerschmidt/Voit/Richter I. Teil D, Rn. 240 zur Regelung des Abnahmezeitpunkts.

Thema der Allgemeinen Geschäftsbedingungen, rechtlich einschränkungslos möglich.[25]

55 Abzuraten ist auch von der leider verbreiteten Vorgehensweise, gegenüber dem Nachunternehmer gar keine Regelungen und Vorgehensweisen zu vereinbaren, sondern die Vorgaben des eigenen Hauptvertrags einfach unstrukturiert gewissermaßen „auf Zuruf" an den Nachunternehmer weiterzugeben.

56 Vor allem bei „größeren" Nachunternehmerbeauftragungen ist es angezeigt, juristische Beratung in Anspruch zu nehmen, um die Möglichkeiten zur Transformation und die Wirksamkeit einzelner Regelungen verlässlich beurteilen zu können.

I. Bausoll

57 Das Thema Übertragung des Bausolls aus dem Hauptvertrag in den Nachunternehmervertrag hat im Regelfall nichts mit dem in der Vorbemerkung angesprochen Thema der AGB-Widrigkeit zu tun. Es geht dabei um **dieses Projekt**, **dieses Bausoll** aus dem Hauptvertrag und **diesen Teil des Bausolls**, der an den Nachunternehmer weitergegeben werden soll. Dabei gibt es nichts zu verallgemeinern oder für eine Vielzahl von Fällen vorzuformulieren. Durch die Praxis geistert häufig das böse „S-Wort", womit das bereits oben erwähnte „Standard-Leistungsverzeichnis" gemeint ist. Dieses bildet nicht den konkreten Einzelfall, sondern eine allgemeingültige, eben standardisierte Bautätigkeit ab, ob nun die bereits oben beispielhaft erwähnte Kernbohrung oder Tiefbauleistungen von geringem Umfang. Die Benutzung eines Standard-LV's kann im Ausnahmefall also in Ordnung sein, aber eben nur im Ausnahmefall, wenn tatsächlich ausschließlich klar abgrenzbare „Standardtätigkeiten" vergeben werden sollen, für die – wie gesagt: im Ausnahmefall – die Vertragsgrundlagen des Hauptvertrags, also insbesondere Leistungsverzeichnisse, Pläne, Genehmigungserfordernisse, besondere technische Vertragsbedingungen etc., wirklich keine Rolle spielen. Das muss sorgfältig analysiert werden. Dabei sollte sich der Auftraggeber genau überlegen, was er tut und ob es wirklich klug ist und unbedingt sein muss, kleinste Ausschnitte der Gesamtleistung isoliert zu vergeben. Ein Stückwerk, das letztlich kein komplettes Ganzes ergibt, birgt mehr Risiken als Möglichkeiten.

58 Im Regelfall muss das Bausoll also anhand der Vertragsgrundlagen des Hauptvertrags in zwei Stufen analysiert und weitervergeben

[25] So Messerschmidt/Voit/Richter I. Teil D. Rn. 239.

werden. Die erste Stufe hat noch nichts mit dem Nachunternehmer zu tun: Im Hauptvertrag sind, je nach Projektgröße und Auftragsvolumen, die Vertragsgrundlagen aufzuführen und für den Fall von Widersprüchen und/oder Lücken in die richtige Rangfolge zu bringen.[26] Das Gleiche muss dann aber auch bei Nachunternehmervertrag geschehen. Auch für diese Vertragsbeziehung ist ja essentiell, welche Vertragsgrundlagen überhaupt für den Nachunternehmer gelten und welche Rangfolge für den Fall von Widersprüchen und/oder Lücken in diesen Vertragsgrundlagen entscheidend sein soll. Die manchmal zu beobachtende Tendenz, es sich bei der Gestaltung des Nachunternehmervertrags möglichst einfach zu machen, kann fatale Folgen für beide Seiten haben, im Zusammenhang mit dem Thema Bausoll aber natürlich zu allererst für den Auftraggeber. Sein Interesse muss es sein, nicht mit Bausolllücken zwischen den Stühlen zu sitzen.

II. Vertragsfristen

Ein weiteres, absolut praxisrelevantes Thema ist die Transformation **59**
der Vertragsfristen des Hauptvertrags in den Nachunternehmervertrag.

Zur Erinnerung: Bei „Vertragsfristen“ handelt es sich um **verbind-** **60**
liche Fristen, die die Fälligkeit der Leistung begründen und deren Überschreitung Folgen auslösen kann.[27] Dass eine Frist verbindlich ist, ist in unserem Bereich, dem Baurecht, eben keinesfalls selbstverständlich. Gemäß § 5 Abs. 1 VOB/B ist die Ausführung „nach den verbindlichen Fristen (Vertragsfristen)“ zu beginnen, angemessen zu fördern und zu vollenden. Fristen in Bauzeitenplänen sind danach nur dann „Vertragsfristen“ in diesem Sinne, wenn dies im Vertrag ausdrücklich vereinbart ist.[28]

Der Hinweis, dass dabei zwischen vertraglichen Ausführungsbe- **61**
ginn-, Zwischen- und (Gesamt-)Fertigstellungsfristen zu unterscheiden ist, wird teilweise entrüstetes Kopfschütteln hervorrufen nach dem Motto: Ist doch klar, was den sonst, darauf muss nun wirklich nicht nochmal hingewiesen werden! Dann drängt sich nur die Frage auf: Wenn das so klar und selbstverständlich ist, warum wird die Weitergabe der Vertragsfristen an den Nachunternehmer dann häufig so stiefmütterlich behandelt bzw. ignoriert?

---

[26] Dazu näher Stoltefuß, Rn. 19 ff.

[27] Vgl. OLG Düsseldorf Urt. v. 9.5.2008 22 U 191/07, IBR 2009, 316 = IBR 2009, 1142.

[28] Näher und mwN Stoltefuß, Rn. 47 ff.

62 Nichts ist ärgerlicher für einen Nachunternehmer, wenn er Diskussionen über angeblich versäumte Fristen führen muss, obwohl diese gar nicht mit ihm vereinbart sind (Praxis). Nichts ist ärgerlicher für den Auftraggeber, wenn er im Verhältnis zu seinem eigenen Auftraggeber Vertragsfristen reißt und diese Vertragsfristen ganz klar die Leistung des Nachunternehmers betreffen, aber gar nicht mit ihm vertraglich vereinbart sind (Praxis).

63 **Ein Tipp für den Auftraggeber**: Vertragsfristen nicht 1:1 weitergeben, sondern angepasst. Wenn eine (verbindliche!) Zwischenfrist für eine bestimmte Leistung, als Beispiel, auf den 01.10. eines Jahres vereinbart ist, ist es eher ineffektiv, diese Frist an den Nachunternehmer weiterzugeben und im schlechtesten Fall dann am 01.10. zu realisieren, dass die Leistung bzw. der erfasste Leistungsteil nicht fertig sind. Dann nämlich drohen sofort Verzugsfolgen wie Schadensersatz und/oder Vertragsstrafen.

64 Die bessere Variante für alle Seiten liegt sicherlich darin, die Zwischenfrist im Nachunternehmervertrag zu modifizieren, und zwar je nach Art und Umfang der von der Zwischenfrist erfassten Leistung und natürlich nicht zeitlich nach hinten, sondern nach vorne. Einige Wochen Zeit, um den nicht fertigen Leistungsteil bis zur Zwischenfrist des Hauptvertrags doch noch zu realisieren, können Gold wert sein. Dies aber auch nur dann, wenn die Zeit zwischen den beiden Fristen von beiden Beteiligten im Sinne eines **gemeinsamen** Projekt**managements** genutzt wird. Daran hat auch der Nachunternehmer ein vitales Interesse, auch wenn er seine Vertragsfrist schon nicht eingehalten hat; wird die einige Wochen später liegende Zwischenfrist des Hauptvertrags gehalten, fällt nicht nur seine ggf. vereinbarte Vertragsstrafe geringer aus, sondern auch die von seinem Auftraggeber ihm gegenüber möglicherweise beabsichtigte Geltendmachung eines Schadensersatzanspruchs. Es besteht dann die gute Chance, dass der Schaden bei Null liegt, weil sein Auftraggeber die eigene Zwischenfrist ja im Idealfall einhält, selbst also weder Schadensersatz noch Vertragsstrafe zahlen muss und deshalb keine Ansprüche an den Nachunternehmer weitergegeben werden können.

III. Vergütung, Abrechnung und Fälligkeit

65 Zunächst einige Worte zur Vertragsart. Dabei legen wir unserer Betrachtung zur Veranschaulichung lediglich die Abrechnung nach Einheitspreisen und pauschal, wobei wir den Detailpauschal- und den Globalpauschalvertrag unterscheiden, zugrunde. Weiter unterstellen wir (nur) im ersten Schritt die Richtigkeit des in der Praxis häufig

vorgebrachten Arguments, dass angeblich viele kleinere, wo auch immer da die Grenze zu ziehen ist, Nachunternehmer mit einer Pauschalabrechnung überfordert sind. Dann wäre es sinnlos und höchst konfliktträchtig, wenn der in seinem Hauptvertrag Einheitspreise abrechnende Auftraggeber des Nachunternehmers mit diesem einen Globalpauschalvertrag vereinbaren würde. Umgekehrt: Wenn mit obigem Argument der Nachunternehmer Einheitspreise abrechnen „darf", während sich sein Auftraggeber bei der Abrechnung des Hauptvertrags mit Pauschalierungen „herumschlagen" muss, wäre das (für den Auftraggeber, der in der Mitte zwischen den anderen Vertragsbeteiligten sitzt) auch nicht gut.

Letztlich scheint die back to back – Weitergabe der Vertragsart an **66**
den Nachunternehmer, wenn diese im Einzelfall möglich ist, der beste Weg zu einer fairen, geordneten Abrechnung. Die Einschränkung „wenn diese im Einzelfall möglich ist" resultiert aus den bereits erwähnten Vorbehalten der Praxis gegen die Vereinbarung eines Pauschalvertrags insbesondere mit einem „kleinen" Nachunternehmer.

Hierbei spielen mehrere Aspekte eine Rolle. Ist der Hauptvertrag **67**
durch schlechte Preise geprägt, reduziert dies den Kreis der in Frage kommenden Nachunternehmer sofort beträchtlich. Ist der Auftraggeber davon abhängig, möglichst gute Nachunternehmer zu einem leider schlechten Preis zu finden, was schon ein Widerspruch in sich ist, wird er den Nachunternehmervertrag möglichst kurz und einfach halten wollen, um Interessenten nicht „zu verschrecken". In dieser Situation rücken die Regelungen und Abrechnungsmodalitäten des Hauptvertrags in weite Ferne, der Auftraggeber nimmt Abweichungen teils bewusst in Kauf.

Aus solchen ungünstigen, aber verständlichen Konstellationen **68**
allerdings hat sich in der Praxis in (zu) vielen Fällen ein ganz selbstverständlicher Ablauf ergeben, bei dem mit dem Nachunternehmer, egal, wie „groß" er ist, egal, ob die Preise gut oder schlecht sind, egal, wie kompetent der Nachunternehmer ist, immer und in allen Konstellationen Einheitspreise vereinbart werden. Davon ist abzuraten. Natürlich ist diese Vorgehensweise oft einfacher, als mit einem potenziellen Nachunternehmer zu diskutieren und über Vertragsarten und Abrechnungsmethoden zu verhandeln, aber auch dabei ist es für alle Beteiligten besser, die Komfortzone zu verlassen, als immer weiter finanzielle Nachteile in Kauf zu nehmen.

IV. Für beide Seiten unabdingbar: Die klare Regelung der Abnahme

69 Um zu verdeutlichen, wie wichtig die Regelung der Abnahme ist, soll zunächst die Bedeutung der Abnahme als solcher hervorgehoben werden. Die Abnahme hat, vereinfacht, ohne Paragrafen, Rechtsprechung und Meinungsstreitigkeiten und auf den Punkt gebracht, insbesondere folgende Wirkungen[29]:

- Erklärung des Auftraggebers, dass die Leistungen des Auftragnehmers im Wesentlichen vertragsgerecht sind
- Beginn der Mangelhaftungsphase (Gewährleistung)
- Umkehr der Beweislast: Bis zur Abnahme muss der Auftraggeber nachweisen, dass sein Werk mangelfrei ist; ab Abnahme muss der Auftraggeber beweisen, dass ein Gewährleistungsmangel vorliegt
- Die Abnahme ist Fälligkeitsvoraussetzung für die Schlussrechnung
- Gefahrübergang: Übergang von „Leistungsgefahr“ und „Vergütungsgefahr“
- Ende der Schutzpflichten des Auftragnehmers
- Pflicht des Auftragnehmers, die Baustelle zu räumen
- Ende der Vorleistungspflicht des Auftragnehmers
- Ende der Möglichkeit, den Vertrag zu kündigen
- Mögliche Einschränkung der Mängelrechte des Auftraggebers bei vorbehaltloser Abnahme.[30]

70 Ist die Abnahme also extrem wichtig? Eindeutig ja und damit der Grund, warum auch Regelungen über die Abnahme in Verträgen extrem wichtig sind; auch im Nachunternehmervertrag. Sehen wir uns dazu § 12 VOB/B an. Dort sind verschiedene Abnahmeformen geregelt, insbesondere:

- die Abnahme in sich abgeschlossener Teile der Leistung
- die förmliche Abnahme
- die Fiktion der Abnahme mit Ablauf von 12 Werktagen nach schriftlicher Mitteilung über die Fertigstellung der Leistung
- die Abnahme nach Ablauf von 6 Werktagen nach Inbenutzungnahme der Leistung durch den Auftraggeber.

---

[29] Vgl. dazu ausfürlich und instruktiv Kniffka/Koeble/Jurgeleit/Sacher/Jurgeleit Teil 3 Rn. 16 ff. mwN.

[30] Dazu Ganten/Jansen/Voit/Bröker VOB/B Vorbemerkung § 12 Rn 154 ff.

Ergänzend enthält § 12 VOB/B nähere Regelungen zu den oben aufgelisteten Varianten. 71

Wird die Geltung der VOB/B im Hauptvertrag wirksam vereinbart, im Nachunternehmervertrag (entgegen § 4 Abs. 8 Nr. 2 VOB/B) aber nicht, gelten für die so wichtige Abnahme also völlig unterschiedliche Regelungen. 72

Ist die VOB/B in beiden Verträgen vereinbart, im Hauptvertrag aber beispielsweise ausdrücklich die förmliche Abnahme als einzige Abnahmemöglichkeit vorgesehen, während dies im Nachunternehmervertrag gar nicht angesprochen wird, sind weitere Turbulenzen vorprogrammiert. 73

Fazit: Die im Hauptvertrag vereinbarten Regelungen sollten hinsichtlich der Nachunternehmerleistung analysiert und entweder back to back oder im Ausnahmefall bewusst abweichend an den Nachunternehmer weitergegeben werden. 74

V. Allgemeine Geschäftsbedingungen

Auch im Zusammenhang mit der Weitergabe von beim Hauptvertrag geltenden Allgemeinen Geschäftsbedingungen ist manchmal die Tendenz zu erkennen, es sich bei der Gestaltung und Verhandlung des Nachunternehmervertrags möglichst einfach zu machen und AGB-Regelungen des Hauptvertrags zu ignorieren. Die sinngemäße Begründung, wonach „das ja die AGB des (Haupt-)Auftraggebers sind und die hier ja gar nicht passen" ist in den meisten Fällen formal richtig (es sind die AGB des Hauptauftraggebers); das bedeutet aber eben nicht automatisch, dass sie nicht auch, ggf. teilweise, wo es passt, im Nachunternehmervertrag gelten sollten. Das muss zumindest geprüft werden. Erfahrungsgemäß zeigt eine genauere Analyse, dass zumindest die teilweise (wenn nicht die ganze) Weitergabe durchaus sinnvoll ist. Unter dem Obergriff der „Allgemeinen Geschäftsbedingungen" sind hier beispielsweise Allgemeine Vertragsbedingungen und Allgemeine Technische Vertragsbedingungen zu verstehen. 75

Relevante Inhalte können sich aber manchmal auch in Vertragsgrundlagen verstecken, deren Bezeichnungen auf den ersten Blick täuschen können. Dies gilt beispielsweise für „Allgemeine Einkaufsbedingungen", die manchmal eine überraschende Mischung aus kauf- und werkvertragsrechtlichen Regelungen enthalten. 76

Bei öffentlichen bzw. öffentlich geförderten (Haupt-)Aufträgen ist es häufig so, dass zum Beispiel Förderbedingungen, die originär natürlich nur für den Bauherrn gelten, dennoch an den ersten Auftragnehmer weitergegeben werden. Sie enthalten nämlich oft Regelungen, 77 die zum Beispiel für das Bausoll oder die Dokumentation oder die Baustelle wichtig sind. Hier sind, ebenfalls nur beispielhaft, Förderrichtlinien, vorläufige Bewilligungsbescheide, Änderungsbescheide, Materialkonzepte, Merkblätter zur Dokumentation oder auch zur Mittelanforderung zu nennen. Wenn solche Unterlagen im ersten Vertrag der Vertragskette, die gerade bei öffentlich geförderten Projekten oft mehrere Vertragsglieder mit zumindest Nach- Nachunternehmervergaben enthält, zur Vertragsgrundlage gemacht werden, kann man sie in keinem Teil der Vertragskette ignorieren, weil „das ja nur die Vergabe und Förderung betrifft". Im Gegenteil sind dort häufig Regelungen enthalten, die auch für einen Nach- Nachunternehmer wichtig sind. Also müssen sie überall da, wo sie die spezielle Leistung passen, verpflichtend gemacht werden. Und das geschieht eben dadurch, dass sie ausdrücklich als Vertragsgrundlage vereinbart werden.

VI. Das leidige (aber wichtige!) Thema der Bürgenhaftung

78 Das Thema Bürgenhaftung haben wir ausführlich und unter Zitierung einiger einschlägiger Normen bereits an anderer Stelle mit dem Fokus auf die Einkaufsabteilung eines Bauunternehmens ausführlich besprochen.[31] Im unserem aktuellen Zusammenhang der Beziehung zwischen dem Nachunternehmer und seinem Auftraggeber ist zunächst noch einmal darauf hinzuweisen, dass, vereinfacht ausgedrückt, der Auftraggeber wie ein Bürge dafür haftet, wenn sein Auftragnehmer zum Beispiel keinen Mindestlohn oder keine Sozialversicherungsbeiträge zahlt. Hier ist unter anderem auf die in den §§ 14 AEntG, 13 MiLoG und 28e SGB IV Haftungsregeln zu verweisen. Die Haftung ist verschuldensunabhängig. Die Regelung im allgemeinen Bürgschaftsrecht, wonach ein Bürge die Befriedigung des Gläubigers verweigern kann, wenn dieser vorher gegen den eigentlichen Schuldner vorgegangen ist, und zwar ergebnislos (Einrede der Vorausklage) gilt hier nicht.

79 Vor diesem Hintergrund muss sich der jeweilige Auftraggeber bestmöglich gegen die Bürgenhaftung absichern. Das geschieht in erster Linie durch ein engmaschiges Controlling. Hierzu ist im jeweiligen Vertrag zu vereinbaren, welche aktuellen(!) Nachweise der Nachunternehmer in welchem zeitlichen Turnus vorlegen muss. Solche Nachweise sind beispielsweise Mindestlohnbescheinigungen sowohl

[31] Stoltefuß/Przerwok, Rn. 221 ff.

des Auftragnehmers als auch der einzelnen Mitarbeiter, die auf der Baustelle tätig sind; außerdem die Beitragserfüllungsbescheinigung der Berufsgenossenschaft, Arbeitnehmererklärungen zum AEntG etc.[32]

Die Begründung für dieses strenge Haftungssystem ist nachvoll- **80**
ziehbar und weist auf den Kern der Nachunternehmerbeziehung: Wer gegenüber seinem Auftraggeber Verpflichtungen eingeht, diese aber gar nicht selbst erfüllt, hat die Einhaltung der Vorschriften über die Mindestarbeitsbedingungen nicht mehr selbst in der Hand.[33]

Vor diesem Hintergrund liegt es auf der Hand, dass die zu Recht **81**
strengen Vorschriften zur Vorlage von Bescheinigungen, Freistellungserklärungen, Beitragserfüllungsbescheinigungen usw. im ersten Vertrag der Vertragskette auch in die nachfolgenden Vergaben an Nachunternehmer mit aufgenommen werden müssen. Dazu eine Ergänzung: Jeder Auftragnehmer sollte unbedingt selbst sicherstellen, dass er die Vorlage aller notwendigen Bescheinigung im Vertrag mit seinem Nachunternehmer regelt. Jeder Auftragnehmer in der Kette haftet wie ein Bürge. Auch, wenn der erste Vertrag im Einzelfall also keine oder unzureichende Regelungen dazu enthält, ist jeder Auftragnehmer in der Kette für sich gut beraten, seine eigene Bürgenhaftung effektiv zu managen.[34] Das bedeutet in diesem Zusammenhang zunächst, den Vertrag hinsichtlich der Pflichten des Auftragnehmers/Nachunternehmers zur Zahlung von Mindestlohn etc. und der von ihm innerhalb bestimmter Zeiträume (die natürlich möglichst kurz sein sollten!) vorzulegenden, jeweils aktuellen Unterlagen detailliert zu gestalten und dann abzuschließen.

Die Regelung zur Vorlage der Belege kann ergänzt werden durch **82**
ein (unter Berücksichtigung der einschlägigen Rechtsprechung zu formulierendes) Kündigungsrecht des Auftraggebers für den Fall, dass diese nicht oder nicht vollständig oder nicht pünktlich eingereicht werden, außerdem durch einen Freistellungsanspruch des Auftraggebers gegen den Auftragnehmer für den Fall, dass der Auftraggeber von Dritten, beispielsweise der Berufsgenossenschaft, in Anspruch genommen wird. Wobei solche Freistellungsanspruch natürlich im Falle der Insolvenz des Auftragnehmers/Nachunternehmers ins Leere laufen können.

---

[32] Näher Stoltefuß/Przerwok, Rn. 236.

[33] Vgl. BAG, Urt. v. 16.10.2019 – 5 AZR 241/18, NZA 2020, 112.

[34] Vgl. ausführlich und instruktiv (auch zur Rechtsprechung des BAG, die die Haftrung hinsichtlich des ursprünglichen Auftraggebers eingeschränkt und die Bürgenhaftung auf den Generalunternehmer und die nachfolgenden Nachunternehmer bezieht) BeckOK ArbR/Greiner MiLoG § 13 Rn. 7–8.

83 Das bedeutet weiter, dann im Projektverlauf auch tatsächlich engmaschig zu controllen, ob die Unterlagen jeweils aktualisiert und vollständig zu den vereinbarten Zeitpunkten vorgelegt werden und entsprechend zu reagieren, wenn das nicht der Fall ist. Dafür wiederum ist entscheidend, was im Vertrag vereinbart wurde, zum Beispiel das oben erwähnte Kündigungsrecht. Aber auch ohne ein solches vertraglich vereinbartes Kündigungsrecht müssen alle Beteiligten wissen, dass es auch ein gesetzlich (in § 314 BGB) normiertes Recht zur Kündigung aus wichtigem Grund gibt. Danach liegt ein solcher wichtiger Grund vor, „wenn dem kündigenden Teil unter Berücksichtigung aller Umstände des Einzelfalls und unter Abwägung der beiderseitigen Interessen die Fortsetzung des Vertragsverhältnisses bis zur vereinbarten Beendigung oder bis zum Ablauf einer Kündigungsfrist nicht zugemutet werden kann.“ Es handelt sich dabei also um eine fristlose Kündigung, die Schadensersatzansprüche des Kündigenden nach sich ziehen kann. Das Gesetz selbst verweist hier auf die Umstände des Einzelfalls. Auch Konstellationen, in denen die vereinbarten Unterlagen nicht oder nicht vollständig oder verspätet vorgelegt werden, müssen vor einer Kündigung aus wichtigem Grund also genau analysiert werden, weil eine vorschnelle, unberechtigte Kündigung unweigerlich Ansprüche gegen den Kündigenden entstehen lassen wird, zum Beispiel auf Ersatz von Drittunternehmer(mehr)kosten.

84 Man muss sich aber vor Augen führen, wie wichtig das Thema Bürgenhaftung für den jeweiligen Auftraggeber in der Vertragskette ist und welche fatalen Folgen es für ihn haben kann. Die pünktliche und vollständige Vorlage aktualisierter Unterlagen ist keine Kleinigkeit. Die Missachtung der entsprechenden vertraglichen Verpflichtung durch den Nachunternehmer kann im zu prüfenden Einzelfall also durchaus ein wichtiger Grund zur fristlosen Kündigung sein.

85 Dabei ist zu beachten, dass die Bürgenhaftung unabhängig davon greift, ob der Nachunternehmer Unterlagen vorlegt oder nicht. Letzteres ist ausschließlich eine Frage des Innenverhältnisses zwischen den Vertragsparteien.

86 Schließlich muss jeder Auftraggeber wissen, dass es keine originäre Pflicht des Auftragnehmers/Nachunternehmers gibt, irgendwelche nicht definierten und nicht vertraglich vereinbarten Unterlagen vorzulegen. Deshalb ist der Vertrag so wichtig. Noch deutlicher: Ein mündlich beauftragter Nachunternehmer muss keine Unterlagen vorlegen. Dann hat sein Auftraggeber auch keine Möglichkeit zum Controlling und zur angemessenen Reaktion, wenn der Nachunternehmer seinen Mitarbeitenden zum Beispiel keinen Mindestlohn zahlt.

VII. Sicherheitsleistungen

Der Komplex Bürgenhaftung wurde bewusst vor dem Thema Sicherheitsleistung behandelt, um die Bedeutung ausreichender Sicherheitsleistungen auch und gerade im Nachunternehmerverhältnis zu betonen. Die Praxis nämlich neigt, hinsichtlich der Intensität erneut in absteigender Reihenfolge der Weitervergaben, dazu, die Vereinbarung von Sicherheitsleistungen (Einbehalten, Bürgschaften) in Nachunternehmerverhältnissen, und zwar auch und erst recht in Nach- Nachunternehmerverhältnissen, nicht ernst genug zu nehmen. Der zu vereinbarende Umfang eines Sicherheitseinbehalts oder einer Vertragserfüllungsbürgschaft kann eben nicht nur „klassische" Ansprüche aus der Vertragserfüllung abdecken, sondern beispielsweise auch Fälle der Inanspruchnahme aus Bürgenhaftung. Das kann insbesondere im Fall der Insolvenz des Nachunternehmers sehr hilfreich sein. **87**

D. Nachunternehmer oder Lieferant?

I. Die notwendige Abgrenzung

Die Unterscheidung und begrifflich korrekte Verwendung der Bezeichnungen „Nachunternehmer" und „Lieferant" ist keine überflüssige Wortklauberei, sondern hat vielfältige praktische Auswirkungen. In der Praxis geraten beide Bezeichnungen immer wieder durcheinander bzw. es herrscht eine (für den Juristen) erstaunlich weit verbreitete Unsicherheit bei der Kategorisierung der Vertragspartner und der von ihnen zu erbringenden Leistungen. Eine klare Abgrenzung ist wichtig, weil ohne diese (gerade in einem Bauunternehmen mit seinen einzelnen Abteilungen) gleich mehrere Elemente des Vertragsmanagements schnell nicht mehr zu beherrschen sind. **88**

Als grobe Richtschnur sollte gelten, dass ein „Nachunternehmer" ein selbständiger Werkunternehmer ist, der mit seinem Auftraggeber einen Werkvertrag schließt, unabhängig davon, in welcher Variante (Verhandlungsprotokoll nebst gesonderter Beauftragung, Rahmenvertrag mit Einzelabrufen etc.) dies geschieht. Wie wir unten im Zusammenhang mit der Unterscheidung zwischen notwendiger Koordination des Nachunternehmers und unerlaubter Arbeitnehmerüberlassung näher erörtern werden, ist der Werkvertrag u.a. durch seine Erfolgsbezogenheit und Eigenverantwortlichkeit gekennzeichnet, wobei § 631 BGB die vertragstypischen Pflichten beim Werkvertrag wie folgt definiert: **89**

§ 631 Vertragstypische Pflichten beim Werkvertrag

(1) Durch den Werkvertrag wird der Unternehmer zur Herstellung des versprochenen Werkes, der Besteller zur Entrichtung der vereinbarten Vergütung verpflichtet.

(2) Gegenstand des Werkvertrags kann sowohl die Herstellung oder Veränderung einer Sache als auch ein anderer durch Arbeit oder Dienstleistung herbeizuführender Erfolg sein.

90 Wenn dabei also im Regelfall ein „Werk" hergestellt wird, ist das etwas fundamental anderes als die „Lieferung" einer Sache. „Lieferung" deutet zumindest auf den ersten Blick auf die Überlassung einer gekauften Sache.

91 § 433 BGB definiert die vertragstypischen Pflichten beim Kauvertrag wie folgt:

§ 433 Vertragstypische Pflichten beim Kaufvertrag

(1) Durch den Kaufvertrag wird der Verkäufer einer Sache verpflichtet, dem Käufer die Sache zu übergeben und das Eigentum an der Sache zu verschaffen. Der Verkäufer hat dem Käufer die Sache frei von Sach- und Rechtsmängeln zu verschaffen.

(2) Der Käufer ist verpflichtet, dem Verkäufer den vereinbarten Kaufpreis zu zahlen und die gekaufte Sache abzunehmen.

92 Um die Verwirrung nicht komplett zu machen, sei an dieser Stelle nur ganz kurz darauf hingewiesen, dass es auch die Sonderform des „Werkliefervertrags" gibt, der die Lieferung eines erst noch herzustellenden Gegenstands betrifft. Ein solcher Vertrag unterscheidet sich aber trotz seiner durchaus irreführenden Bezeichnung signifikant vom Werkvertrag, in unserem Zusammenhang also vom „klassischen" Nachunternehmervertrag. Konsequenterweise finden auf den Werkliefervertrag zumindest grundsätzlich und überwiegend die Vorschriften über den Kauf Anwendung:

§ 650 Werklieferungsvertrag; Verbrauchervertrag über die Herstellung digitaler Produkte

(1) Auf einen Vertrag, der die Lieferung herzustellender oder zu erzeugender beweglicher Sachen zum Gegenstand hat, finden die Vorschriften über den Kauf Anwendung. § 442 Abs. 1 Satz 1 findet bei diesen Verträgen auch Anwendung, wenn der Mangel auf den vom Besteller gelieferten Stoff zurückzuführen ist. Soweit es sich bei den herzustellenden oder zu erzeugenden beweglichen Sachen um nicht vertretbare Sachen handelt, sind auch die §§ 642, 643, 645, 648 und 649 mit der Maßgabe anzuwenden, dass an die Stelle der Abnahme der nach den §§ 446 und 447 maßgebliche Zeitpunkt tritt.

93 Der Wortlaut dieser Norm zeigt bereits, dass ihre Anwendung alles andere als einfach ist. Deshalb hat die Rechtsprechung immer wieder versucht, generalisierende Abgrenzungskriterien zu finden. Nach wie vor erfolgt die notwendige Abgrenzung zwischen Kauf- und Werkvertrag mittels der „Schwerpunkttheorie“. Es ist also eine Gesamtbetrachtung aller Umstände durchzuführen. Vereinfacht ausgedrückt: Liegt der Schwerpunkt auf der Montageleistung, liegt ein Werkvertrag vor; liegt er auf der Verschaffung von Eigentum und Besitz, geht es um einen Kaufvertrag.[35]

Vorliegend soll es aber nur um die Grundstruktur, die grundsätzliche Unterscheidung zwischen Kauf- und Werkvertrag und um die richtige Bezeichnung der jeweiligen Vertragspartner gehen. Zusammenfassend gilt für den uns interessierenden Bereich jedenfalls grundsätzlich: Mit Lieferanten werden Kaufverträge abgeschlossen, mit Nachunternehmern Werkverträge. **94**

II. Weitere praxisrelevante Aspekte der Abgrenzung

Der Werkunternehmer schuldet nicht die Eigentumsverschaffung an einem von den Wünschen des Kunden unabhängig vorgefertigten Gegenstandes, sondern die Erstellung eines Werks, das die vertraglichen Vorgaben erfüllt.[36] **95**

Hinsichtlich des Auftretens von Mängeln hat der Auftraggeber des Werkunternehmers im Gegensatz zum Käufer kein Wahlrecht, welche Art der Nachbesserung er verlangt; der Käufer hat die Wahl zwischen Nachbesserung (gleich Mängelbeseitigung) und Nachlieferung (eines anderen, mangelfreien Gegenstandes), § 439 Abs. 1 BGB, der Werkunternehmer hat gemäß § 635 Abs. 1 BGB das Recht, das mangelhafte Werk nachzubessern und muss es nicht durch ein neues ersetzen. **96**

Zur Verdeutlichung: **97**

§ 439 Nacherfüllung

(1) Der Käufer kann als Nacherfüllung nach seiner Wahl die Beseitigung des Mangels oder die Lieferung einer mangelfreien Sache verlangen.

Und im Gegensatz dazu beim Werkvertrag: **98**

§ 635 Nacherfüllung

(1) Verlangt der Besteller Nacherfüllung, so kann der Unternehmer nach seiner Wahl den Mangel beseitigen oder ein neues Werk herstellen.

Interessant ist die Begründung für diesen Unterschied: Der Gesetzgeber geht beim Werkunternehmer im Vergleich zum Verkäufer von **99**

[35] OLG München Urt. v. 26.7.2023 – 7 U 4188/21, BeckRS 2023, 19287; dazu Steffen, NJW-Speziel 2023, 589.

[36] BeckOK BGB Hau/Poseck/Voit § 631 Rn. 2.

einer größeren Nähe zum Produktionsprozess und damit von einer größeren Sachkunde hinsichtlich der Art der Nacherfüllung aus[37].

100 Nochmal zur Verdeutlichung, bezogen auf die Vertragspartner eines Bauunternehmers und zur Orientierung insbesondere der Einkaufsabteilung: Beim Kaufvertrag geht es um die Übereignung und die Übergabe eines schon fertigen Gegenstands und nicht, wie beim Werkvertrag (unserem Nachunternehmervertrag) um die Herstellung eines mangelfreien Werks im Rahmen der vertraglichen Regelungen. Beim Kaufvertrag beginnt die Verjährungsfrist für Mängelansprüche (Gewährleistungsfrist) mit der Übergabe bzw. Ablieferung der Sache, beim Werkvertrag mit der Abnahme.

101 Bereits an anderer Stelle[38] haben wir uns die Regelung in §377 HGB angesehen. Deshalb an dieser Stelle nur der Hinweis: *Ist der Kauf für beide Teile ein Handelsgeschäft, so hat der Käufer die Ware unverzüglich nach der Ablieferung durch den Verkäufer, soweit dies nach ordnungsmäßigem Geschäftsgange tunlich ist, zu untersuchen und, wenn sich ein Mangel zeigt, dem Verkäufer unverzüglich Anzeige zu machen*, §377 Abs.1 HGB. Das und die in den weiteren Teilen des §377 HGB geregelten Folgen der Nichtbeachtung gelten für Verkäufer (den „Lieferanten“) und Käufer, nicht für den Werkunternehmer (den „Nachunternehmer“) und seinen Auftraggeber. Klingt logisch und ist für den Juristen ohnehin klar; in der Praxis der Nichtjuristen verschwimmen die Grenzen jedoch immer wieder.

102 Ein weiterer Aspekt hinsichtlich der notwendigen Abgrenzung findet sich in §6 Abs.2 Nr.1 b) VOB/B, obwohl dies auf den ersten Blick nicht ersichtlich ist:

> *(2) 1. Ausführungsfristen werden verlängert, soweit die Behinderung verursacht ist:*
> *b) durch Streik oder eine von der Berufsvertretung der Arbeitgeber angeordnete Aussperrung im Betrieb des Auftragnehmers oder in einem unmittelbar für ihn arbeitenden Betrieb,*

103 §6 Abs.1 VOB/B regelt die Pflicht des Auftragnehmers, den Auftraggeber darüber zu informieren, wenn er sich in der Leistungserbringung behindert glaubt (Behinderungsanzeige[39]), während Absatz 2 dieser Norm die Verlängerung der Ausführungsfristen als Konsequenz der Behinderung (und der Behinderungsanzeige!) zum Gegenstand hat. Ausführungsfristen werden also unter anderem dann verlängert,

---

[37] BeckOK BGB Hau/Poseck/Voit §631 Rn.2., mit Hinweis auf Begr. FraktionsE des SchuldRModG vom 14.5.2001, BT-Drs. 14/6040, 265.

[38] Stoltefuß/Przerwok Rn.207ff.

[39] Dazu ausführlich Stoltefuß Rn.383ff.

wenn in einem „unmittelbar für ihn" – den Auftragnehmer – „arbeitenden Betrieb" Streik oder Aussperrung stattfinden.

Nun drängt sich natürlich die Frage auf, welche Vertragspartner des Auftraggebers dieser Kategorie unterfallen. Immerhin sind die Regelungen des § 6 VOB/B für das Projekt und den wirtschaftlichen Erfolg beider Vertragsparteien von überragender Bedeutung. Ob Ausführungsfristen verlängert werden oder nicht, bestimmt u.a. darüber, ob der Auftragnehmer in Verzug gerät oder nicht und damit darüber, ob er möglicherweise zur Leistung von Verzugsschadensersatz und/oder zur Zahlung einer Vertragsstrafe (wenn diese vereinbart wurde) verpflichtet ist. **104**

Streik oder Aussperrung müssen also den Betrieb des Auftragnehmers oder „einen für ihn unmittelbar arbeitenden Betrieb" betreffen. Nach zutreffender Auffassung[40] gehören „Lieferanten" in dem von uns verstandenen Sinne nicht dazu, weil sie nicht für den Auftragnehmer arbeiten. Sie liefern ihm etwas. Im Regelfall müssen also Werkleistungen erbracht werden, um den Anwendungsbereich des § 6 Abs. 2 Nr. 2 b) VOB/B zu eröffnen.[41] Im Regelfall deswegen, weil es gilt, einige Sonderfälle zu beachten: Ist ein Lieferant Teil der Produktion, was zum Beispiel im Falle der Lieferung von speziell für dieses Bauvorhaben gefertigten Bauteilen bejaht werden kann[42], wird die entsprechende Nähe zum Produktionsablauf und damit ein „Arbeiten" für den Auftraggeber vorliegen. **105**

Dies wird teilweise auch dann bejaht, wenn ein Lieferant betroffen ist, der vom Auftraggeber vorgeschrieben wurde.[43] Diese Auffassung lässt unberücksichtigt, dass in diesem Fall der Lieferant jedenfalls im Regelfall der klassische Lieferant bleibt, also der Materiallieferant, der vom Nachunternehmer mittels Kaufverträgen (Bestellungen) gebunden wird. Eine Integration in den Produktionsablauf findet nicht statt. Die Diskussion ist allerdings müßig, denn in einer solchen Konstellation dürfte im Regelfall ein Fall des § 6 Abs. 2 Nr. 1a) VOB/B vorliegen, da sich argumentieren lässt, dass ein Streik oder eine Aussperrung **106**

---

[40] Vgl. zB Kapellmann/Messerschmidt/Markus VOB/B § 6, Rn. 23; Nicklisch/Weick/Jansen/Seibel/Sonntag VOB/B § 6 Rn. 48.

[41] Beck VOB/B/Berger § 6 Abs. 2 Rn. 73 spricht ausdrücklich von „Sub- oder Nachunternehmern".

[42] Kapellmann/Messerschmidt/Markus VOB/B § 6, Rn. 23.

[43] Zum Beispiel von Kapellmann/Messerschmidt/Markus VOB/B § 6 Rn. 23.

bei einem vom Auftraggeber vorgegeben Lieferanten die Risikosphäre des Auftraggebers betrifft.[44]

[44] So Nicklisch/Weick/Jansen/Seibel/Sonntag VOB/B §6 Rn. 48.

Kapitel 2
Das Management der Nachunternehmerbeziehung

A. Abgrenzung zwischen Führung und Koordination des Nachunternehmers und unerlaubter Arbeitnehmerüberlassung

I. §4 Abs. 1 und 2 VOB/B: Koordination und Überwachung des Nachunternehmers und Erteilung von Anordnungen zur vertragsgemäßen Ausführung der Leistung versus Eigenverantwortung und Selbständigkeit des Auftragnehmers

Zunächst zum Wortlaut des §4 Abs. 1 VOB/B: 1

§4
Ausführung

(1) 1. Der Auftraggeber hat für die Aufrechterhaltung der allgemeinen Ordnung auf der Baustelle zu sorgen und das Zusammenwirken der verschiedenen Unternehmer zu regeln. Er hat die erforderlichen öffentlich-rechtlichen Genehmigungen und Erlaubnisse – zB nach dem Baurecht, dem Straßenverkehrsrecht, dem Wasserrecht, dem Gewerberecht – herbeizuführen.

2. Der Auftraggeber hat das Recht, die vertragsgemäße Ausführung der Leistung zu überwachen. Hierzu hat er Zutritt zu den Arbeitsplätzen, Werkstätten und Lagerräumen, wo die vertragliche Leistung oder Teile von ihr hergestellt oder die hierfür bestimmten Stoffe und Bauteile gelagert werden. Auf Verlangen sind ihm die Werkzeichnungen oder andere Ausführungsunterlagen sowie die Ergebnisse von Güteprüfungen zur Einsicht vorzulegen und die erforderlichen Auskünfte zu erteilen, wenn hierdurch keine Geschäftsgeheimnisse preisgegeben werden. Als Geschäftsgeheimnis bezeichnete Auskünfte und Unterlagen hat er vertraulich zu behandeln.

3. Der Auftraggeber ist befugt, unter Wahrung der dem Auftragnehmer zustehenden Leitung (Absatz 2) Anordnungen zu treffen, die zur vertragsgemäßen Ausführung der Leistung notwendig sind. Die Anordnungen sind grundsätzlich nur dem Auftragnehmer oder seinem für die Leitung der Ausführung bestellten Vertreter zu erteilen, außer wenn Gefahr im Verzug ist. Dem Auftraggeber ist mitzuteilen, wer jeweils als Vertreter des Auftragnehmers für die Leitung der Ausführung bestellt ist.

2 Im vorliegenden Zusammenhang der Beziehung zwischen dem Nachunternehmer und seinem Auftraggeber wollen wir uns insbesondere die Themen Koordination und Überwachung des Nachunternehmers durch seinen Auftraggeber sowie die Erteilung von Anordnungen näher ansehen. In diesem Zusammenhang ist aufgrund von in der Praxis immer wieder auftretenden Unsicherheiten zunächst noch einmal festzuhalten: Die Rollenverteilung der VOB/B passt (natürlich) auch für das Nachunternehmerverhältnis. Der Auftragnehmer des Auftraggebers (oder Bauherrn) ist der Auftraggeber des Nachunternehmers. Die Konstellation ist klar, also gelten die Regelungen der VOB/B bzw. des BGB auch für diese Beziehung. Und für die Beziehung des Nachunternehmers zu dem von ihm beauftragten Nach- Nachunternehmer. Und so weiter. Der Umfang der jeweiligen Rechte und Pflichten nimmt mit Fortschreiten der Beziehungskette keineswegs ab.

1. *Koordination, § 4 Abs. 1 Nr. 1 VOB/B*

3 Der Auftraggeber hat das Zusammenwirken der verschiedenen Unternehmer zu regeln. Hier ist also seine Koordinationsverpflichtung angesprochen. In unserem Zusammenhang des Nachunternehmerverhältnisses könnte man bei Betrachtung dieser Pflicht zu dem Trugschluss gelangen, dass der „erste" Auftraggeber in der Kette für die Koordination aller auf der Baustelle tätigen Unternehmer, also auch der Nachunternehmer seines Auftragnehmers einschließlich Nach-Nachunternehmern etc., zuständig ist. Das ist jedoch nicht so. Vielmehr ist die Koordinationsverpflichtung des Auftraggebers auf seine unmittelbaren Vertragspartner beschränkt.[45] Hinsichtlich eines von diesem beauftragten Nachunternehmers bleibt er, also der Auftraggeber des Nachunternehmers, allein für die Umsetzung der jeweiligen Anforderungen verantwortlich. Das ist nur konsequent, da der „erste" Auftraggeber insoweit nur für seine Auftragnehmer, nicht aber für Unternehmen verantwortlich sein kann, mit denen er gar keinen Vertrag hat.

4 Fraglich ist nun, wie und mit welchen Maßnahmen der Auftraggeber seine Koordinationspflicht erfolgreich verwirklichen kann. Dabei ist er darauf angewiesen, eine Struktur zu schaffen, mittels

[45] Kapellmann/Messerschmidt/Merkens VOB/B § 4, Rn. 7.

derer er das Zusammenwirken der von ihm beauftragten Auftragnehmer steuern kann.

Teil dieser Struktur kann ein Bauablauf (Bauzeiten-)plan sein, ob er nun aus Balkenplänen, Balkendiagrammen oder Netzplänen besteht[46]. Hierzu zwei Ergänzungen aus Sicht des Nachunternehmers. Zunächst noch einmal der Hinweis auf § 5 Abs. 1 Satz 2 VOB, wonach in einem Bauzeitenplan enthaltene Einzelfristen nur dann als Vertragsfristen gelten, wenn dies im Vertrag ausdrücklich vereinbart ist. **5**

Das bedeutet natürlich nicht, dass ein Bauzeitenplan nicht wichtig ist. Im Gegenteil: Er ist sehr wichtig, weil er eben das zeitliche Zusammenwirken der Unternehmer auf der Baustelle regelt und das Projekt und seinen Ablauf mit dem Ineinandergreifen der verschiedenen Leistungen managt. **6**

Ein zweiter Hinweis: Der Nachunternehmer (wie auch der erste Auftragnehmer in der Vertragskette) tut gut daran, in einem Bauzeitenplan zu berücksichtigen, ob alle auftraggeberseitigen Vorleistungen, die er für seine Leistungserbringung benötigt, vorliegen. Beispiel: Wenn er die Planung noch nicht bekommen hat, diese aber für die Erbringung einer bestimmten, im Bauzeitenplan terminierten Teilleistung benötigt, um die Frist einzuhalten, sollte das zumindest in einem bilateralen Bauzeitenplan zwischen Auftraggeber und Auftragnehmer ausdrücklich vermerkt sein. Daraus sollte sich also ergeben, bis wann der Auftragnehmer die Planung spätestens bekommen muss, um die im Bauzeitenplan vorgesehene Frist überhaupt einhalten zu können. Zwar ist es der Auftraggeber, den die Pflicht zur Koordination trifft; der Auftragnehmer muss aber in seinem eigenen Interesse Transparenz hinsichtlich von ihm benötigter auftraggeberseitiger Vorleistungen schaffen. **7**

Die Erstellung eines guten Bauzeitenplans ist höchst anspruchsvoll. Umso hilfreicher ist es für den Auftraggeber, wenn der Auftragnehmer, und zwar auch der Nachunternehmer, kreativ und selbstbewusst daran mitwirken und den Bauzeitenplan nicht einfach hinnehmen. Je einvernehmlicher und transparenter er besprochen wird, umso eher wird er eingehalten werden und damit zum Projekterfolg beitragen. **8**

Ziel der Koordinationsverpflichtung ist es, Störungen und Behinderungen zu vermeiden.[47] Auf welchem Weg dieses Ziel erreicht wird, ist nicht normiert. Der Auftraggeber ist gut beraten, nicht nur einen Bauzeitenplan zu nutzen, sondern weitere Instrumente, zum **9**

---

[46] Vgl. BeckOK VOB/B Cramer/Kandel/Preussner/Fuchs VOB/B § 4 Abs. 1 Rn. 4.

[47] Vgl. statt aller Nicklisch/Weick/Jansen/Seibel/Gartz VOB/B § 4 Rn. 5.

Beispiel regelmäßige Baubesprechungen oder gemeinsam bearbeitbare Dokumente.

10 Überträgt der Auftraggeber seine Koordinationspflicht auf Dritte, zum Beispiel Architekten oder Projektsteuerer, übernehmen diese die Rolle seiner Erfüllungsgehilfen, so dass der Auftraggeber gemäß §§276, 278 BGB für ihr Handeln gegenüber dem Auftragnehmer einzustehen hat.[48]

11 In der Praxis wird die Koordinierungspflicht häufig ganz oder teilweise auf den Auftragnehmer übertragen.[49]

2. Überwachung, § 4 Abs. 1 Nr. 2 VOB/B

12 Es gibt ja tatsächlich Rechtsthemen, die in der Realität so gut wie nie eine Rolle spielen. Das Recht des Auftraggebers, Arbeitsplätze, Werkstätten oder Lagerräume des Auftragnehmers (hier: Nachunternehmers) zu betreten, gehört zweifellos dazu. Aber. Wenn es dann ausnahmsweise doch einmal wahrgenommen wird, ist Stress auf beiden Seiten vorprogrammiert. Das liegt daran, dass das Recht und die damit einhergehenden Diskussionen in der Baupraxis so gut wie unbekannt sind. In den allermeisten Fällen hat der Auftraggeber wirklich anderes zu tun, als beim Auftragnehmer mit seinen Leuten anzurücken und ihn (wie dann im Einzelnen?) zu „überwachen". Entsprechend wenig Rechtsprechung gibt es, die hier den Weg weisen könnte. Aufgrund der eher geringen Praxisrelevanz soll dieses Thema an dieser Stelle nicht ausgeweitet werden. Relevant ist vielleicht der Hinweis, dass der Auftragnehmer (Nachunternehmer) sich richtigerweise nicht darauf berufen kann, dass der Auftraggeber ihn besser hätte überwachen müssen.[50] Das ist nur konsequent: Es handelt sich hier um ein Überwachungsrecht, nicht um eine Überwachungspflicht.

3. Erteilen von Anordnungen, § 4 Abs. 1 Nr. 3 VOB/B

13 In diesem Zusammenhang drängt sich zunächst ein Widerspruch zum oben beschriebenen Wesenskern des Werkvertrags auf, der durch

---

[48] BGH Urt. v. 19.11.1971 – VII ZR 101/70; dazu auch BeckOK VOB/B Cramer/Kandel/Preussner/Fuchs VOB/B §4 Abs. 1 Rn. 1.

[49] Zu Einschränkungen vgl. Kapellmann/Messerschmidt/Merkens VOB/B §4, Rn. 9 mwN, der darauf verweist, dass eine wirksame Übertragung in vielen Fällen nicht nur eine gesonderte Vereinbarung, sondern auch eine entsprechend detaillierte Beschreibung im Leistungsverzeichnis erfordert und dass eine formularmäßige Übertragung (also in Allgemeinen Geschäftsbedingungen) gemäß §307 BGB unwirksam ist.

[50] BGH Urt. v. 18.1.1973 – VII ZR 88/70, NJW 1973, 518.

Selbständigkeit, Eigenverantwortlichkeit und Haftung für die eigene Leistung insbesondere im Rahmen der Gewährleistungsphase gekennzeichnet ist. Wie ist das Erteilen von auftraggeberseitigen Anordnungen damit zu vereinbaren? Außerdem: Gemäß §4 Abs. 2 Nr. 1 VOB/B hat der Auftragnehmer die Leistung ausdrücklich „unter eigener Verantwortung" auszuführen. „Verantwortung" bedeutet in diesem Zusammenhang unter anderem, dass der Auftragnehmer (Nachunternehmer) verschuldensunabhängig für den Erfolg seiner Leistung haftet, Störungen und Schäden Dritter zu vermeiden hat, die leistungsbezogenen Vorgaben des Vertrags einzuhalten und außerdem die anerkannten Regeln der Technik einzuhalten hat, ohne gegen gesetzliche und behördliche Bestimmungen zu verstoßen.[51] Dazu kommt noch seine Verantwortlichkeit gegenüber seinen Arbeitnehmern, §4 Abs. 2 Nr. 2 Satz 1 VOB/B.

Hier befinden sich also Eigenverantwortlichkeit und Haftung des Nachunternehmers im Spannungsfeld mit dem Anordnungsrecht des Auftraggebers. Die notwendige Abgrenzung kann nicht nur für den Auftragnehmer schwierig und folgenreich sein, sondern auch für den Auftraggeber. Für ihn ist die Gefahr unberechtigter Einmischung in den eigenverantwortlichen Schutzbereich des Nachunternehmers mit der Folge eigener Haftung, zum Beispiel im Wege des Mitverschuldens bei einem Schadenseintritt, durchaus real.[52] **14**

Die erste Einschränkung dieser Widersprüche wird bereits durch den Wortlaut der Norm selbst erreicht. Danach darf der Auftraggeber nämlich nur solche Anordnungen treffen, die „zur vertragsgemäßen Ausführung der Leistung notwendig sind". Pflichten des Auftragnehmers dürfen dabei nur im Interesse der vertragsgemäßen Leistung konkretisiert werden; Leistungsänderungen oder die Anordnung von zusätzlichen Leistungen sind hierdurch nicht legitimiert.[53] Was „notwendig" in diesem Sinne ist, ist objektiv, nicht subjektiv aus Sicht des Auftraggebers zu beurteilen.[54] **15**

Der BGH hat bereits im Jahr 1975 definiert, was unter einer „Anordnung" in diesem Sinne zu verstehen ist, nämlich „eine eindeutige, die Befolgung durch den Auftragnehmer heischende Anordnung des Auftraggebers ..., die dem Auftragnehmer keine Wahl lässt."[55] **16**

---

[51] Instruktiv dazu Nicklisch/Weick/Jansen/Seibel/Gartz, §4 Rn. 39ff.

[52] Dazu Ganten/Jansen/Voit/Junghenn VOB/B §4 Abs. 1 Rn. 192f.

[53] Kapellmann/Messerschmidt/Merkens VOB/B §4, Rn. 25

[54] Vgl. statt aller Bolz/Jurgeleit/Karczewski, VOB/B §4 Rn. 85.

[55] BGH Urt. v. 22.5.1975 – VII ZR 204/74, BeckRS 1975, 31118548; dazu Nicklisch/Weick/Jansen/Seibel/Gartz, §4 Rn. 25.

Zentrale Merkmale einer solchen Anordnung sind also Eindeutigkeit und vom Auftraggeber verlangte Befolgung. Abzugrenzen ist die Anordnung daher von bloßen Wünschen oder Vorschlägen des Auftraggebers. Das ist keineswegs bloße Theorie, wenn man sich die juristischen Konsequenzen vor Augen führt. Wenn eine wirksame Anordnung im Sinne des §4 Abs. 1 Nr. 3 Satz 1 VOB/B vorliegt, handelt der Auftragnehmer vertragswidrig, wenn er der Anweisung nicht nachkommt. Schadensersatzpflicht und Verzug können beispielsweise die Folge sein.

17 Ein weiterer Aspekt: Hat der Auftragnehmer Bedenken gegen die Anordnung und meldet er diese Bedenken ordnungsgemäß gemäß §4 Abs. 3 VOB/B an, haftet er während der Gewährleistungsphase nicht, wenn die Befolgung der Anordnung zu einem Mangel führt, §13 Abs. 3 VOB/B. Und im Falle der Befolgung eines bloßen Vorschlags oder Wunsches? Tja. Zumindest schwieriger zu argumentieren und in der VOB/B jedenfalls nicht ausdrücklich geregelt.[56] Konsequent ist insofern die Auffassung, dass jedenfalls ein Wunsch des Auftraggebers nicht zu der Risikoverlagerung auf den Auftraggeber gemäß §13 Abs. 3 VOB/B führt.[57]

18 Dabei ist ferner zu berücksichtigen, dass es für den Nachunternehmer eine weitere Möglichkeit gibt, Bedenken anzumelden, nämlich gemäß §4 Abs. 1 Nr. 4 VOB/B, der lautet:

> *Hält der Auftragnehmer die Anordnungen des Auftraggebers für unberechtigt oder unzweckmäßig, so hat er seine Bedenken geltend zu machen, die Anordnungen jedoch auf Verlangen auszuführen, wenn nicht gesetzliche oder behördliche Bestimmungen entgegenstehen. 2Wenn dadurch eine ungerechtfertigte Erschwerung verursacht wird, hat der Auftraggeber die Mehrkosten zu tragen.*

19 Von entscheidender Bedeutung für den Nachunternehmer ist es in all diesen Fällen, seine Bedenkenanmeldung zu dokumentieren, unabhängig davon, ob es sich um Bedenken gemäß §4 Abs. 1 Nr. 4 oder §4 Abs. 3 VOB/B handelt. Die letztgenannte Vorschrift verlangt ohnehin Schriftlichkeit der Bedenkenanmeldung. Aber auch in anderen Fällen hilft es dem Nachunternehmer im Streitfall oft wenig bis gar nichts, wenn er Bedenken mündlich oder per E-Mail äußert. Zentral ist immer der Nachweis des Zugangs.

20 Die VOB/B bestimmt in §4 Abs. 1 Nr. 3 Satz 2 wohlweislich, dass solche folgenträchtigen Anordnungen nicht beliebig, sondern grundsätzlich" dem Auftragnehmer oder seinem für die Leitung der Aus-

---

[56] Bolz/Jurgeleit/Karczewski, VOB/B §4 Rn. 92ff.

[57] Zu diesem Themenbereich näher Ganten/Jansen/Voit/Junghenn VOB/B §4 Abs. 1 Rn. 196.

führung bestellten Vertreter zu erteilen sind. Dies gilt nur dann nicht, wenn Gefahr im Verzug ist.

Wer aber ist der „für die Leitung der Ausführung bestellte Vertreter"? Der Projektleiter? Immer? Sicher nicht. Dabei nämlich ist zu berücksichtigen, dass Bezeichnungen wie „Projektleiter", „Bauleiter", „Polier" etc. in der Praxis höchst unterschiedlich benutzt werden, und zwar von Branche zu Branche, Gewerk zu Gewerk und sogar innerhalb einer Branche und eines Gewerks von Unternehmen zu Unternehmen! Eine Bestimmung des Vertreters anhand von Funktionsbezeichnungen scheidet in der Bauwirklichkeit also aus. Viele Unternehmen entscheiden für sich, welche Qualifikationen für welche Funktionsbezeichnung vorliegen sollen, was auch richtig ist. Es bleibt und drängt sich auf: Die Definition im Vertrag. Wir werden noch näher darauf eingehen, wie wichtig es ist, bereits im Vertrag festzuhalten, wer auf der Baustelle eigentlich was darf. Dazu gehört auch die Festlegung, wer der „Vertreter" im Sinne des § 4 Abs. 1 Nr. 3 Satz 2 VOB/B ist. Das ist keine „Vertragsgläubigkeit", sondern erleichtert das Leben auf der Baustelle.[58] **21**

Bei allen Anordnungen muss die grundsätzliche Eigenverantwortlichkeit des Auftragnehmers gewahrt bleiben. Entsprechend ist der Auftraggeber auch nicht dazu befugt, den Mitarbeitenden des Nachunternehmers oder dessen Nachunternehmern Weisungen zu erteilen.[59] **22**

II. Die scharfen Schwerter des AÜG gelten für beide Seiten

Das Schlagwort „AÜG" geistert immer wieder durch deutsche Bauunternehmen und befindet sich damit in bester Gesellschaft mit bedeutungsschwangeren Begriffen wie „VOB", „Stand der Technik" oder auch „versteckter Mangel". All diese und weitere Schlagwörter haben gemeinsam, dass ihre Bedeutung oft nicht oder nur rudimentär bekannt ist. Das liegt, man kann es nicht oft genug betonen, eben auch daran, dass sich im Baubereich Nichtjuristen mit juristischen Themen beschäftigen müssen, die meistens schlicht und einfach nicht Teil ihrer Ausbildung waren. Sie haben zum einen nicht Rechtswissenschaft, **23**

---

[58] Vgl. Kapellmann/Messerschmidt/Merkens VOB/B § 4, Rn. 28: „Es empfielt sich, spätestens bei Vertragsschluss den Vertreter des Auftragnehmers festzulegen, um Streitigkeiten von vornherein auszuschließen. Wen der Auftragnehmer für diese Position bestimmt, entscheidet allein er."

[59] BeckOK VOB/B Cramer/Kandel/Preussner/Fuchs VOB/B § 4 Abs. 1 Rn. 24.

sondern beispielsweise Bauingenieurwesen oder Maschinenbau studiert. Umso wichtiger ist es, den dieser absoluten Ausnahmesituation ausgesetzten Nichtjuristen die leider notwendigen rechtlichen Grundlagen ihrer Tätigkeit zu erläutern. Das „AÜG" ist insoweit ein Paradefall. Weil das so ist, sollen folgende Auszüge (auch Wiedergabe der Absätze zum Teil nur auszugsweise) aus einzelnen Normen des „Gesetzes zur Regelung der Arbeitnehmerüberlassung" (Hervorhebungen durch den Autor) zunächst die Brisanz des Themas betonen:

§ 1
Arbeitnehmerüberlassung, Erlaubnispflicht

*(1) **Arbeitgeber, die als Verleiher Dritten (Entleihern) Arbeitnehmer (Leiharbeitnehmer) im Rahmen ihrer wirtschaftlichen Tätigkeit zur Arbeitsleistung überlassen (Arbeitnehmerüberlassung) wollen, bedürfen der Erlaubnis. Arbeitnehmer werden zur Arbeitsleistung überlassen, wenn sie in die Arbeitsorganisation des Entleihers eingegliedert sind und seinen Weisungen unterliegen.** Die Überlassung und das Tätigwerdenlassen von Arbeitnehmern als Leiharbeitnehmer ist nur zulässig, soweit zwischen dem Verleiher und dem Leiharbeitnehmer ein Arbeitsverhältnis besteht.*

§ 9
Unwirksamkeit

*(1) **Unwirksam sind:***

*1. **Verträge zwischen Verleihern und Entleihern sowie zwischen Verleihern und Leiharbeitnehmern, wenn der Verleiher nicht die nach § 1 erforderliche Erlaubnis hat;** der Vertrag zwischen Verleiher und Leiharbeitnehmer wird nicht unwirksam, wenn der Leiharbeitnehmer schriftlich bis zum Ablauf eines Monats nach dem zwischen Verleiher und Entleiher für den Beginn der Überlassung vorgesehenen Zeitpunkt gegenüber dem Verleiher oder dem Entleiher erklärt, dass er an dem Arbeitsvertrag mit dem Verleiher festhält; tritt die Unwirksamkeit erst nach Aufnahme der Tätigkeit beim Entleiher ein, so beginnt die Frist mit Eintritt der Unwirksamkeit,*

*1a. **Arbeitsverträge zwischen Verleihern und Leiharbeitnehmern, wenn entgegen § 1 Absatz 1 Satz 5 und 6 die Arbeitnehmerüberlassung nicht ausdrücklich als solche bezeichnet und die Person des Leiharbeitnehmers nicht konkretisiert worden ist,** es sei denn, der Leiharbeitnehmer erklärt schriftlich bis zum Ablauf eines Monats nach dem zwischen Verleiher und Entleiher für den Beginn der Überlassung vorgesehenen Zeitpunkt gegenüber dem Verleiher oder dem Entleiher, dass er an dem Arbeitsvertrag mit dem Verleiher festhält,*

*1b. Arbeitsverträge zwischen Verleihern und Leiharbeitnehmern mit dem **Überschreiten der zulässigen Überlassungshöchstdauer** nach § 1 Absatz 1b, es sei denn, der Leiharbeitnehmer erklärt schriftlich bis zum Ablauf eines Monats nach Überschreiten der zulässigen Überlassungshöchstdauer gegenüber dem Verleiher oder dem Entleiher, dass er an dem Arbeitsvertrag mit dem Verleiher festhält,*

2. ***Vereinbarungen, die für den Leiharbeitnehmer schlechtere als die ihm nach §8 zustehenden Arbeitsbedingungen einschließlich des Arbeitsentgelts vorsehen,***

§10

Rechtsfolgen bei Unwirksamkeit

(1) ***Ist der Vertrag zwischen einem Verleiher und einem Leiharbeitnehmer nach §9 unwirksam, so gilt ein Arbeitsverhältnis zwischen Entleiher und Leiharbeitnehmer zu dem zwischen dem Entleiher und dem Verleiher für den Beginn der Tätigkeit vorgesehenen Zeitpunkt als zustande gekommen;*** *tritt die Unwirksamkeit erst nach Aufnahme der Tätigkeit beim Entleiher ein, so gilt das Arbeitsverhältnis zwischen Entleiher und Leiharbeitnehmer mit dem Eintritt der Unwirksamkeit als zustande gekommen.*

(3) ***Zahlt der Verleiher das vereinbarte Arbeitsentgelt oder Teile des Arbeitsentgelts an den Leiharbeitnehmer, obwohl der Vertrag nach §9 unwirksam ist, so hat er auch sonstige Teile des Arbeitsentgelts, die bei einem wirksamen Arbeitsvertrag für den Leiharbeitnehmer an einen anderen zu zahlen wären, an den anderen zu zahlen. Hinsichtlich dieser Zahlungspflicht gilt der Verleiher neben dem Entleiher als Arbeitgeber; beide haften insoweit als Gesamtschuldner.***

§16

Ordnungswidrigkeiten

(1) ***Ordnungswidrig handelt, wer vorsätzlich oder fahrlässig***

1. entgegen §1 einen Leiharbeitnehmer einem Dritten ohne Erlaubnis überläßt,

1a. einen ihm von einem Verleiher ohne Erlaubnis überlassenen Leiharbeitnehmer tätig werden läßt,

1b. entgegen §1 Absatz 1 Satz 3 einen Arbeitnehmer überlässt oder tätig werden lässt,

2. ***einen ihm überlassenen ausländischen Leiharbeitnehmer, der einen erforderlichen Aufenthaltstitel nach §4a Absatz 5 Satz 1 des Aufenthaltsgesetzes, eine Erlaubnis oder Berechtigung nach §4a Absatz 5 Satz 2 in Verbindung mit Absatz 4 des Aufenthaltsgesetzes, eine Aufenthaltsgestattung oder eine Duldung, die zur Ausübung der Beschäftigung berechtigen, oder eine Genehmigung nach §284 Abs. 1 des Dritten Buches Sozialgesetzbuch nicht besitzt, tätig werden läßt,***

5. eine Auskunft nach §7 Abs. 2 Satz 1 nicht, nicht richtig, nicht vollständig oder nicht rechtzeitig erteilt,

7b. entgegen §8 Absatz 5 in Verbindung mit einer Rechtsverordnung nach §3a Absatz 2 Satz 1 das dort genannte ***Mindeststundenentgelt*** *nicht oder nicht rechtzeitig zahlt,*

11. entgegen §17a in Verbindung mit §5 Absatz 1 Satz 1 Nummer 1 oder 3 des Schwarzarbeitsbekämpfungsgesetzes eine ***Prüfung nicht duldet oder bei dieser Prüfung nicht mitwirkt,***

*12. entgegen § 17a in Verbindung mit § 5 Absatz 1 Satz 1 Nummer 2 des Schwarzarbeitsbekämpfungsgesetzes das **Betreten eines Grundstücks oder Geschäftsraums nicht duldet**,*

*13. entgegen § 17a in Verbindung mit § 5 Absatz 5 Satz 1 des Schwarzarbeitsbekämpfungsgesetzes **Daten nicht, nicht richtig, nicht vollständig, nicht in der vorgeschriebenen Weise oder nicht rechtzeitig übermittelt**,*

*16. entgegen § 17c Absatz 1 eine **Aufzeichnung nicht, nicht richtig, nicht vollständig oder nicht rechtzeitig erstellt oder nicht oder nicht mindestens zwei Jahre aufbewahrt** oder*

*(2) Die Ordnungswidrigkeit nach Absatz 1 Nummer 1 bis 1f, 6 und 11 bis 17 kann mit einer Geldbuße bis zu **dreißigtausend Euro**, die Ordnungswidrigkeit nach Absatz 1 Nummer 2, 7a, 7b und 8a mit einer Geldbuße bis zu **fünfhunderttausend Euro**, die Ordnungswidrigkeit nach Absatz 1 Nummer 2a, 3, 9 und 10 mit einer Geldbuße bis zu **zweitausendfünfhundert Euro**, die Ordnungswidrigkeit nach Absatz 1 Nummer 8 mit einer Geldbuße bis zu **zweitausend Euro** und die Ordnungswidrigkeit nach Absatz 1 Nummer 4, 5 und 6a mit einer Geldbuße bis zu **tausend Euro** geahndet werden.*

§ 17a

Befugnisse der Behörden der Zollverwaltung

Die §§ 2, 3 bis 6 und 14 bis 20, 22, 23 des Schwarzarbeitsbekämpfungsgesetzes sind entsprechend anzuwenden mit der Maßgabe, dass die dort genannten Behörden auch Einsicht in Arbeitsverträge, Niederschriften nach § 2 des Nachweisgesetzes und andere Geschäftsunterlagen nehmen können, die mittelbar oder unmittelbar Auskunft über die Einhaltung der Arbeitsbedingungen nach § 8 Absatz 5 geben.

24 Dies nur als kleiner Auszug, um zu demonstrieren, wie streng und allumfassend das AÜG die unerlaubte Arbeitnehmerüberlassung völlig zu Recht regelt. Die Regelungen mögen kompliziert erscheinen (und sind es zum Teil auch), sollen an dieser Stelle aber nicht im Sinne einer Kommentierung zum AÜG vertieft werden. Was aber mit Nachdruck verdeutlicht werden soll, ist der umfassende und weitreichende Charakter des AÜG, dessen Grund darin liegt, dass Umgehungen des dem Gesetz zugrundeliegenden Grundgedankens verhindert werden sollen. Egal, wer Initiator der unerlaubten Arbeitnehmerüberlassung ist, und unabhängig davon, von welcher Vertragsseite sie ausgeht: alle Sachverhalte werden ausdrücklich vom Gesetz erfasst.

25 Ergänzt werden die Inhalte des AÜG unter anderem auch durch die VOB/B selbst, wenn es dort im bereits angesprochenen § 4 Abs. 2 ausdrücklich heißt:

(2) 1. Der Auftragnehmer hat die Leistung unter eigener Verantwortung nach dem Vertrag auszuführen. Dabei hat er die anerkannten Regeln der Technik und die gesetzlichen und behördlichen Bestimmungen zu beachten. Es ist seine Sache, die Ausführung

seiner vertraglichen Leistung zu leiten und für Ordnung auf seiner Arbeitsstelle zu sorgen.

2. *Er ist für die Erfüllung der gesetzlichen, behördlichen und berufsgenossenschaftlichen Verpflichtungen gegenüber seinen Arbeitnehmern allein verantwortlich. Es ist ausschließlich seine Aufgabe, die Vereinbarungen und Maßnahmen zu treffen, die sein Verhältnis zu den Arbeitnehmern regeln.*

Auf der Baustelle reden wir in den allermeisten Fällen allerdings nicht über eine bewusste Umgehung dieser Bestimmungen oder der Grundnorm des AÜG, wonach nur Unternehmen mit einer entsprechenden Erlaubnis zur Arbeitnehmerüberlassung berechtigt sind, also über den Sachverhalt, dass ein Unternehmen fälschlicherweise „so tut", als habe es eine Erlaubnis. Wir reden auch nicht über die Situation, dass ein Auftraggeber weiß, dass ein anderes Unternehmen keine Erlaubnis hat, aber trotzdem so verfahren wird, als wäre die andere Seite ein „offizieller Verleiher". **26**

In vielen Fällen nämlich fehlt den Beteiligten auf allen Seiten das Bewusstsein dafür, was sie tun. Ihnen ist nicht klar, dass sie gegen das AÜG verstoßen. Sie kennen den Inhalt des AÜG und damit die dort aufgeführten Sachverhalte einschließlich der Bußgeldandrohungen nicht. Trotzdem verstoßen sie teilweise dagegen, und zwar vor allem im Zusammenhang mit unserer Nachunternehmer-Thematik. Wenn gegenüber dem Nachunternehmer sinngemäß geäußert wird: „Komm mal am Montag, ich sage dir dann schon, was du zu tun hast" oder „Lass das jetzt mal und geh in den dritten Stock, das ist jetzt wichtiger", widerspricht das nicht nur dem Wesen des Werkvertrags (Eigenverantwortlich! Selbstbestimmt! Selbständig! Während der Gewährleistung für die eigene Leistung haftend!), sondern auch den Regelungen des AÜG. der Nachunternehmer bzw. seine Mitarbeiter werden behandelt wie ein „eigener" Kollege, wird gewissermaßen in die Organisation des Auftraggebers eingegliedert. Die Folge: Bußgelder, unwirksame Verträge, Fiktion eines Arbeitsvertrags mit den betroffenen Mitarbeitern (des Nachunternehmers!). Zusammengefasst: Totales Chaos. **27**

Dieser Befund wiederum beruht auf Auftraggeberseite häufig auf dem Versuch, eskalierenden Stresssituationen Herr zu werden. Je näher Vertragsfristen rücken, sei es als Zwischen- oder als Gesamtfertigstellungsfristen, desto höher steigt oft der Stresslevel. Dann wird alles versucht, die Frist doch noch „zu retten". In solchen Situationen neigen manche Auftraggeber dazu, die dem Nachunternehmer obliegende Leistungserbringung „an sich zu reißen" und ihn damit nicht mehr nur zu steuern, zu lenken und zu überwachen, sondern ihm jede **28**

Selbstständigkeit zu nehmen. Auf diese Weise wird in den Kerngehalt des Werkvertrags eingegriffen. Dies zeigt zugleich, dass solchen Fällen häufig keine böse Absicht zugrunde liegt, sondern – menschlich verständlich – der Wille, das Projekt zu retten.

29 Erlaubt ist eine solche Vorgehensweise dennoch nicht.

30 Deshalb nochmals der dringende Hinweis an beide, also den Nachunternehmer und seinen Auftraggeber, nicht nur, aber insbesondere davon abzusehen:

- den Nachunternehmer auf die Baustelle zu zitieren und
- ihm mitzuteilen, was er wann und wo zu tun hat und
- ihn dann von einem Ort zum anderen zu schicken.

31 Der Nachunternehmer ist selbständig. Er bestimmt (im Rahmen des Vertrags), was er wann, wo und wie leistet.

32 Die Höhe der im AÜG enthaltenen Bußgeldandrohungen sollte dafür (und für beide Seiten) doch Motivation genug sein, oder?

B. Das Prinzip Klarheit: Beidseitige Festlegung der Ansprechpartner und der Kommunikationswege, Zuordnung von Verantwortlichkeiten

33 Das BGB enthält klare Vertretungsregelungen, also Bestimmungen über Arten und Umfang von Vollmachtserteilungen, über die Haftung von Vertretern ohne Vertretungsmacht usw. Im Gesellschaftsrecht ist geregelt, was ein Handlungsbevollmächtigter (der mit i.V. unterschreibt) oder auch ein Prokurist (ppa.) darf.

34 Das hilft auf der Baustelle allerdings wenig bis gar nicht. Wer darf dort, also wo es drauf ankommt, was? Wer darf rechtsgeschäftliche Willenserklärungen abgeben? Also: Wer darf den ursprünglich vereinbarten Leistungsinhalt ändern oder gar erweitern? Wer darf Vertragsfristen ändern? Wer darf Stundenzettel (wirksam!) unterzeichnen? Solche sehr wichtigen Fragen gehen im alltäglichen, häufig stressigen Bauablauf oft unter. Wenn ein Mitarbeiter des Nachunternehmers froh ist, eine Unterschrift unter seinen Stundenzettel zu bekommen, wird er nur ausnahmsweise und nach entsprechender Schulung dazu neigen, die Berechtigung seines Gegenübers zur Leistung der Unterschrift in Frage zu stellen und ihn nach seiner Vollmacht fragen. Es wäre ihm selbst dann, wenn er danach fragen würde, auch nicht wirklich damit geholfen, wenn der Mitarbeiter des Auftraggebers ihn sinngemäß anherrschen würde: „Na klar bin ich dazu berechtigt, was glaubst du eigentlich? Was soll das denn jetzt? Wollen wir jetzt hier formell werden, oder was?"

Auf der Baustelle geht es nun mal anders zu als im Allgemeinen **35** Teil des BGB.

Wirklich geholfen wäre dem Mitarbeiter des Nachunternehmers **36** nur, wenn ihm sein Ansprechpartner eine schriftliche Vollmacht vorlegen würde. Aber ist das realistisch? Große Baustellen sind oft dadurch geprägt, dass viele Protagonisten Dinge tun, zu denen sie nicht berechtigt sind. Schulbeispiel ist die in Rechtsprechung und Literatur immer wieder diskutierte Frage nach der Vertretungsmacht des Architekten.[60]

Dieses Problem sollte nach Möglichkeit anders gelöst werden. **37**

Über solche für den wirtschaftlichen Erfolg beider Seiten ent- **38** scheidende Fragen sollte man dann, wenn es darauf ankommt, nicht philosophieren (und im schlechtesten Fall streiten und prozessieren) müssen, sondern Klarheit haben. Beide Seiten müssen ein wesentliches Interesse an der Klärung, wer eigentlich was auf der anderen Seite darf, haben. Das sollte nicht nach Vertragsschluss, sondern im Nachunternehmervertrag geschehen. Hier haben beide Parteien die Möglichkeit, spätere Diskussionen zu vermeiden. Klar und verständlich sollte im Vertrag geregelt werden, wer was im Rahmen der Projektdurchführung darf. Diese Chance kommt in den meisten Fällen nie wieder. Beide Seiten müssen beispielsweise entscheiden, welche Kompetenzen sie ihrem jeweiligen Projektleiter übertragen wollen. Was will der jeweilige Geschäftsführer selbst entscheiden? Was will er delegieren? Der Vertrag gibt die Möglichkeit, Klarheit für beide Vertragsparteien (und für die gesamte Projektabwicklung!) zu schaffen. Die Anordnung von Leistungsänderungen oder -erweiterungen ist keine Kleinigkeit und geht weit über normale technische Kommunikation während der Projektabwicklung hinaus. Geregelt werden sollte also beispielsweise, wer rechtsgeschäftliche Willenserklärungen abgeben darf. Der Kreis der Berechtigten sollte auf beiden Seiten nicht zu groß gezogen werden, sondern sich auf möglichst wenige, klar und unmissverständlich bevollmächtige Personen beschränken.

Weiter hat sich auch im Nachunternehmerverhältnis (jedenfalls bei **39** komplexen Auftragsvergaben, die über Kleinaufträge oder Einzelleistungen hinausgehen) die vertragliche Vereinbarung von Eskalationsebenen und Kommunikationswegen bewährt.

Definierte Eskalationsebenen können helfen, streitige Diskussionen **40** zu strukturieren und auf beiden Seiten den Einigungsdruck zu erhöhen. Taucht ein Problem auf, könnte den verschiedenen hierarchischen

[60] Vgl. dazu sehr instruktiv Kapellmann/Langen/Berger, Rn. 28 ff.

Ebenen, zB der Bauleiter-, dann der Projektleiterebene, dann der Ebene des technischen Leiters, jeweils wenige Tage zur einvernehmlichen Klärung eingeräumt werden, bevor das Thema an die nächsthöhere Ebene weitergegeben wird.[61]

41 Bei der Vereinbarung solcher Klauseln im Nachunternehmerverhältnis ist erhöhte Sorgfalt geboten. Beide Seiten sollen davon profitieren. Bei einem „großen" Auftraggeber und einem „kleinen" Nachunternehmer wird es unterschiedliche Hierarchieebenen geben, bei Nachunternehmer zum Beispiel keinen Projekt- und erst recht keinen Technischen Leiter geben. Hier wird der Geschäftsführer stärker und früher in den Fokus der Entscheidungsfindung rücken. Dennoch zeigt die Praxis, dass die Definition von Eskalationsebenen auch in solchen Fällen hilfreich sein kann.

42 Zum Thema Kommunikationswege: In vielen Fällen wird der Auftraggeber des Nachunternehmers ein Interesse daran haben, dass die Kommunikation in beiden Richtungen über ihn läuft anstatt an ihm vorbei. Er muss beide Vertragsverhältnisse managen und im Griff behalten und den Inhalt der jeweiligen Kommunikation nicht nur kennen, sondern steuern. Die ausdrückliche Vereinbarung, dass der Nachunternehmer nicht direkt mit dem Auftraggeber (seines Auftraggebers) kommunizieren darf, kann also sinnvoll sein. Inakzeptabel wäre es natürlich, wenn Bauherr und Nachunternehmer gewissermaßen „hinter dem Rücken" des Auftraggebers und ohne dessen Wissen über Änderungen des Bausolls oder Aspekte der Mängelhaftung abstimmen würden.

C. Ein Appell: Wenn der Nachunternehmer zum Auftraggeber wird – Das Management von Nach-Nachunternehmerbeziehungen

43 An dieser Stelle ist im Grunde nur an die Ernsthaftigkeit und die Bereitschaft des Nachunternehmers zu appellieren, auch die „weitere Stufe", also sein Vertragsverhältnis zu seinem Nachunternehmer, genauso ernst zu nehmen wie die Beziehung zu seinem Auftraggeber, der selbst ja auch „nur", oder eben auch nicht „nur", Auftragnehmer ist. Die leider häufig anzutreffende Mentalität der Praxis, mit jeder Stufe „nach unten" die Möglichkeiten, Rechte und Pflichten der jeweiligen Verträge, der VOB/B etc. weniger stark zu beachten und „Formalien"

[61] Zu Eskalationsebenen näher Stoltefuß/Przerwok, Rn. 720.

immer starker zu ignorieren, ist nicht nur theoretisch falsch, sondern praktisch schädlich. Das Baurecht mit all seinen Bestandteilen, angefangen beim Bauvertrag, gilt für alle Stufen. Mit allen Konsequenzen. Verzug, Schadensersatz, Kündigungen aus wichtigem Grund und die Zerstörung der Möglichkeit zukünftiger Zusammenarbeit in weiteren Projekten haben in jeder Vertragsstufe schlimme Konsequenzen.

D. Abnahme und Schlussrechnung: Keinesfalls entbehrlich

Über die Folgen und die große Bedeutung der Abnahme haben wir bereits in → Kapitel 1 Rn. 69 ff. gesprochen. Vielleicht kann man es erneut unter den Begriff der „Komfortzone“ fassen, dass die Abnahme in der Praxis manchmal selbst dann, wenn sie im Nachunternehmervertrag hervorragend geregelt ist, nach Fertigstellung von beiden Seiten ganz selbstverständlich komplett ignoriert wird. Für den eher theoretisch orientierten Beobachter ist das sicherlich schwer bis gar nicht zu verstehen: Die Abnahme ist dann einfach kein Thema mehr. Es ist ja „nur“ der Nachunternehmer. Erstaunlich daran ist, dass viele Nachunternehmer die doch auch für sie so absolut wichtige Abnahme dann auch gar nicht einfordern. Sie packen ihre Sachen und gehen. Oftmals, ohne sich zu über die Folgen im Klaren zu sein. **44**

An dieser Stelle daher ein eindringlicher Appell an beide Seiten: Die Abnahme bitte nicht nur im Vertrag regeln, sondern auch durchführen. Unklarheiten über so fundamentale Themen wie Gewährleistungsbeginn, Beweislastumkehr oder Fälligkeit der Schlussrechnung können den wirtschaftlichen Erfolg eines Bauprojekts gefährden oder sogar zerstören. **45**

Ähnliches gilt erstaunlicherweise für die Schlussrechnung selbst. Sarkastisch könnte man formulieren, dass es egal ist, ob wegen der fehlenden Abnahme Unklarheit hinsichtlich der Fälligkeit der Schlussrechnung besteht, wenn der Nachunternehmer sowieso keine stellt. Auch diese bewusste „Schludrigkeit“ betrifft ganz überwiegend Nachunternehmerverhältnisse. Wenn der Nachunternehmer seine Leistung fertiggestellt und dann auch (gefühlt oder tatsächlich) 100% seiner Vergütung mittels Abschlagszahlungen erhalten hat, wird die Abrechnung manchmal tatsächlich als beendet und das Stellen einer Schlussrechnung als überflüssig angesehen. Auch dies birgt wieder, vor allem in Kombination mit einer ebenfalls fehlenden Abnahme, viele Unsicherheiten, zusammengefasst in einer weiteren Abnahmefolge, dem **46**

Ende der Vorleistungspflicht des Auftragnehmers. Abschlagszahlungen sind im Regelfall vorläufig, zum Beispiel kann der Auftragnehmer Fehler der Abschlagsrechnungen in der Schlussrechnung korrigieren. Dumm nur, wenn es dann gar keine Schlussrechnung gibt. Umgekehrt kann der Auftraggeber im Regelfall die mit erbrachten Leistungen später im Rahmen der Schlussrechnung wieder in Frage stellen.[62] All das fällt weg, wenn es keine Schlussrechnung gibt. Dieses kurze Beispiel soll stellvertretend für weitere mögliche Situationen zeigen, dass auch das Stellen der Schlussrechnung sehr wichtig ist. Ergänzend sei auf § 12 Abs. 3 und 4 VOB/B verwiesen:

> *(3) Die Schlussrechnung muss bei Leistungen mit einer vertraglichen Ausführungsfrist von höchstens 3 Monaten spätestens 12 Werktage nach Fertigstellung eingereicht werden, wenn nichts anderes vereinbart ist; diese Frist wird um je 6 Werktage für je weitere 3 Monate Ausführungsfrist verlängert.*
> *(4) Reicht der Auftragnehmer eine prüfbare Rechnung nicht ein, obwohl ihm der Auftraggeber dafür eine angemessene Frist gesetzt hat, so kann sie der Auftraggeber selbst auf Kosten des Auftragnehmers aufstellen.*

47 Bereits die bloße Lektüre dieser Regelungen weist auf weitere Implikationen einer fehlenden Schlussrechnung. Das Recht des Auftraggebers, bei Vorliegen der Voraussetzungen die Schlussrechnung selbst zu schreiben ist keine Theorie, sondern kommt in der Praxis tatsächlich immer wieder vor. Die dann folgenden, vorprogrammierten Diskussionen und Auseinandersetzungen sind nun wirklich überflüssig.

E. Die Schicksalsgemeinschaft: Zur Geltung des Kooperationsprinzips im Nachunternehmerverhältnis

48 Wiederholungen sind gewollt. Bereits an zwei Stellen[63] haben wir die Bedeutung der Kooperation zwischen den Vertragsparteien, der Kooperationsrechtsprechung und des unbedingten Erfordernisses guter Kommunikation behandelt. Im Nachunternehmerverhältnis gilt das Kooperationsprinzip allerdings in ganz besonderem Maße bzw. ist sich in ganz besonderem Maße in Erinnerung zu rufen.

49 Das ist der Widerspruch in der Praxis: Die Behauptung, dass ein guter Nachunternehmer Gold wert ist, würde jeder Auftragnehmer,

---

[62] Zum System vgl. Kapellmann/Messerschmidt/Messerschmidt VOB/B § 16, Rn. 172 ff.
[63] Stoltefuß, Rn. 179 ff.; Stoltefuß/Przerwok, Rn. 722 ff.

der Leistungen weitervergibt, sofort unterschreiben. Die konkrete Handhabung des Nachunternehmerverhältnisses sieht dann allerdings doch oft anders aus.

Der Ursprung der Kooperationsrechtsprechung liegt darin begründet, dass das Vertragsverhältnis im Bauvertragsrecht durch seine oft lange Dauer geprägt ist. Während im Kaufrecht die Erfüllungsphase teilweise nur Sekunden (der berühmte Brötchenkauf) oder Stunden (der nicht minder berühmte Kauf eines Fernsehers) dauert und dann auch schon die Gewährleistungsphase beginnt (die Übergabe im Kaufrecht entspricht der Abnahme im Werkvertragsrecht), ist es im Baurecht eben grundlegend anders: Die Vertragsparteien sind zumindest Wochen-, meistens allerdings monate- oder sogar jahrelang aneinander gebunden. Und voneinander abhängig, insbesondere hinsichtlich ihres jeweiligen wirtschaftlichen Erfolgs. Kommunikations-, Dialog- und Verhandlungsbereitschaft sind von zentraler Bedeutung. Auf eins der absolut grundlegenden Urteile zu diesem Thema sei an dieser Stelle nochmals hingewiesen. In einem Urteil aus dem Jahre 1999[64] hat der BGH die Kooperationspflichten der Vertragsparteien konkretisiert. Hier ein Auszug: **50**

> *„Nach der Rechtsprechung des BGH sind die Vertragsparteien eines VOB/B-Vertrags während der Vertragsdurchführung zur Kooperation verpflichtet. Aus dem Kooperationsverhältnis ergeben sich Obliegenheiten und Pflichten zur Mitwirkung und gegenseitigen Information (BGHZ 133, 44 [47] = NJW 1996, 2158 = LM H. 9/1996 § 2 VOB/B 1973 Nr. 15). Die Kooperationspflichten sollen unter anderem gewährleisten, dass in Fällen, in denen nach der Vorstellung einer oder beider Parteien die vertraglich vorgesehene Vertragsdurchführung oder der Inhalt des Vertrags an die geänderten tatsächlichen Umstände angepasst werden muss, entstandene Meinungsverschiedenheiten oder Konflikte nach Möglichkeit einvernehmlich beigelegt werden (Nicklisch/Weick, VOB, 2. Aufl., § 2 Rdnr. 6). Ihren Ausdruck haben sie in der VOB/B insbesondere in den Regelungen des § 2 Nr. 5 und Nr. 6 gefunden. Danach soll über eine Vergütung für geänderte oder zusätzliche Leistungen eine Einigung vor der Ausführung getroffen werden. Diese Regelungen sollen die Parteien anhalten, die kritischen Vergütungsfragen frühzeitig und einvernehmlich zu lösen und dadurch spätere Konflikte zu vermeiden.*
>
> *Entstehen während der Vertragsdurchführung Meinungsverschiedenheiten über die Notwendigkeit oder die Art und Weise einer Anpassung, ist jede Partei grundsätzlich gehalten, im Wege der Verhandlung eine Klärung und eine einvernehmliche Lösung zu versuchen. Die Verpflichtung obliegt einer Partei ausnahmsweise dann nicht, wenn die andere Partei in der konkreten Konfliktlage ihre Bereitschaft, eine einvernehmliche Lösung herbeizuführen, nachhaltig und endgültig verweigert."*

---

[64] BGH Urt. v. 28.10.1999 – VII ZR 393/98, NZBau 2000, 130 = NJW 2000, 807 = BeckRS 1999, 30079571 = IBRRS 2000, 0784.

51 Diese Rechtsprechung wurde im Laufe der folgenden Jahre weiter ausgebaut und auf weitere Vertragsbeziehungen, zum Beispiel auf den Architektenvertrag[65], bei dem es ebenfalls Pflichten zur Mitwirkung und gegenseitigen Information gibt, erweitert.

52 Wie relevant diese Rechtsprechung ist und wie sehr sie das ganz konkrete Bauprojekt beeinflussen kann, zeigt sich schon an der Tatsache, dass viele der dazu ergangenen Urteile die Beurteilung, ob eine fristlose Kündigung aus wichtigem Grund wirksam oder unwirksam war, zum Gegenstand hatten. In vielen Fällen war sie aufgrund der schwerwiegenden Verletzung des Kooperationsgebots **wirksam**.

53 Und was bedeutet das nun für die Beziehung zwischen dem Nachunternehmer und seinem Auftraggeber?

54 Zunächst: Der Grundgedanke der Kooperationsrechtsprechung, also die Abhängigkeit der Vertragsparteien über einen längeren Zeitraum, gilt hier in ganz besonderem Maße. Der Nachunternehmer und sein Auftraggeber bilden bei der Leistungserbringung und Vertragserfüllung eine Schicksalsgemeinschaft. Zwar muss und will der Nachunternehmer seine Leistungen vertraglich gesehen (natürlich) gegenüber seinem Auftraggeber erfüllen; diese Leistungen sind aber zugleich Teil der Leistungserbringung des Auftraggebers gegenüber seinem Auftraggeber. Diese absolute Besonderheit des Nachunternehmervertrags geht in der Betrachtung und Bewertung oft unter. Dadurch, dass die Leistung des Nachunternehmers nicht nur in einem, sondern in zwei Vertragsverhältnissen eine ggf. entscheidende Rolle spielt, wird zugleich auch ihre Bedeutung für das Projekt gewissermaßen verdoppelt. Verdoppelt an Bedeutung, an potenziellen Auswirkungen, ob positiv oder negativ, an Konfliktträchtigkeit. Führt man sich diesen Befund vor Augen, wirkt die oft stiefmütterliche Behandlung des Nachunternehmers noch unverständlicher und manchmal geradezu grotesk.

55 Deshalb sollten der Nachunternehmer und sein Auftraggeber, beide aus ihrem speziellen Blickwinkel, alles dafür tun, die Kriterien der Kooperationsrechtsprechung nicht als Selbstzweck oder Formsache, sondern im jeweiligen ureigensten Interesse zu erfüllen. Kommunikation nicht nur in institutionalisierten Zusammenhängen, „weil es sein muss", das Verständnis für die berechtigten Interessen der jeweils anderen Seite, das Austauschen von Informationen, zügige Abhilfe bei mangelhafter oder verspäteter Leistung, der Wille zur Eskalations-

---

[65] Vgl. OLG Koblenz Urt. v. 8.3.2007 – 5 U 877/06, IBR 2010, 153 = BeckRS 2007, 4316 = IBRRS 2007, 0661.

vermeidung, die Vermeidung unberechtigter und das Anerkenntnis berechtigter Nachträge helfen beim gemeinsamen Geldverdienen.

Eine Ergänzung zum Thema Kommunikation in institutionali- **56**
sierten Zusammenhängen: Die Abwesenheit von Nachunternehmern in Baubesprechungen selbst dann, wenn es um ihre Leistung geht, ist völlig üblich, aber virulent und meistens keine bewusste, rational begründete Entscheidung, sondern nur ein unüberlegter Automatismus. Würde der Nachunternehmer teilnehmen, könnte er seine Argumente gegen eine vom Auftraggeber seines Auftraggebers möglicherweise zu Unrecht geltend gemachte Mangelhaftigkeit seiner Leistung vorbringen, und zwar mit Details, die seinem Auftraggeber gar nicht unbedingt bekannt sein müssen. Der Vorteil für beide liegt auf der Hand. Im umgekehrten Fall, also der berechtigten Beanstandung von Mängeln, wird dem Nachunternehmer aus erster statt aus zweiter Hand verdeutlicht, dass sofortiger Handlungsbedarf besteht. All dies hat für alle Seiten nur Vorteile und keinerlei Nachteile, weil es bei solchen Themen nicht um Vertraulichkeit, sondern im Gegenteil um Offenheit und Transparenz geht.

F. Nach dem Projekt ist vor dem Projekt: Bewertungskriterien für die zukünftige Zusammenarbeit zwischen dem Nachunternehmer und seinem Auftraggeber

Auch hier gilt wieder: Der Nachunternehmervertrag hat zwei Par- **57**
teien, nicht nur eine. Bewertungskriterien für die zukünftige Zusammenarbeit sind also für beide Seiten hilfreich, nicht nur für den Auftragnehmer (den Auftraggeber des Nachunternehmers).

I. Bewertungskriterien für die Zusammenarbeit mit dem Nachunternehmer aus Sicht seines Auftraggebers

Einige dieser Kriterien liegen natürlich auf der Hand, beispielsweise **58**
Termintreue und Mangelfreiheit. Für den Projektverlauf ist allerdings auch entscheidend, wie der Nachunternehmer reagiert, wenn Vertragsfristen **nicht** eingehalten werden und Mangelfreiheit einmal **nicht** vorliegt. Wird die Situation kooperativ und kommunikativ gemanagt oder wird versucht, zum Beispiel klare Mängel abzustreiten

und die Situation in die Länge zu ziehen? Wird „gemauert" statt gemanagt? Das Verhalten in Krisensituationen ist oft aufschlussreicher und meistens wichtiger als die normale Projektabwicklung. Mängel können (natürlich nur in akzeptablem, beherrschbarem Ausmaß!) immer mal auftreten; wichtig ist, dazu zu stehen und für unverzügliche Beseitigung zu sorgen.

59 Kompetenz in der Vertretung der eigenen Interessen: Auf den ersten Blick könnte man als Auftraggeber des Nachunternehmers meinen, dass es doch umso einfacher mit ihm wird, je weniger er die eigene (Rechts-) Position kennt, je weniger er dazu in der Lage ist, die eigenen Interessen effektiv zu vertreten. Der zweite Blick und die Erfahrung der Praxis zeigen: Das Gegenteil ist richtig. Ein Nachunternehmer, der seriös und kompetent als gleichwertiger Vertrags- und Projektpartner auftritt, trägt in der Regel deutlich mehr zu einer erfolgreichen Projektabwicklung bei als einer, dem es völlig egal ist, was er unterschreibt und welche Rahmenbedingungen ihm Pflichten und Rechte auferlegen. Ein kompetenter Partner weiß möglicher- und unangenehmerweise vielleicht, wie ein Nachtrag über einen gestörten Bauablauf aufzubauen ist; dem Projekt wird seine Gesamtkompetenz aber zugutekommen.

60 Diese Überlegung hat weitere Auswirkungen. Ein kompetenter und seriöser Nachunternehmer zahlt Mindestlohn und ist nicht mit den Beiträgen für beispielsweise die Berufsgenossenschaft und die Urlaubskasse im Rückstand. Das erspart seinem Auftraggeber eine Menge Ärger beim Thema Bürgenhaftung, unabhängig davon, dass kein Auftraggeber ausbeuterische Methoden akzeptieren sollte.

61 Dies gilt für sämtliche Compliance-Aspekte, nicht nur für die Ursachen der Bürgenhaftung. Der scheinbare, schnelle und natürlich trügerische Vorteil von unerlaubten Absprachen, Kartellrechtsverstößen, Bestechung usw. kann für beide Seiten katastrophale Folgen haben. Auf diese Themen werden wir im nächsten Kapitel näher eingehen.

62 Weitere Stichworte sind:

- kooperative Kommunikation und Kompromissbereitschaft
- unberechtigt überhöhte Nachtragsangebote
- unprofessioneller Schriftverkehr
- fehlende Ansprechpartner
- verspätete oder verweigerte Vorlage notwendiger Bescheinigungen
- Nichtbeachtung ordnungsgemäßer Kommunikationswege
- dauerhafte Nichtbeachtung vertraglicher Vorgaben,

die die Qualität eines Nachunternehmers kennzeichnen und die seinem Auftraggeber das Leben erleichtern können.

63 Weitere Qualitätskriterien sollte jeder Auftraggeber selbst sorgfältig prüfen und ergänzen, je nach Gewerk können nicht verallgemeinerbare Themen hinzutreten. Auch der eigene Vertrag des Auftragnehmers (Auftraggebers des Nachunternehmers) mit seinem Auftraggeber kann wichtige Hinweise darauf liefern, welche Kriterien der Nachunternehmer erfüllen sollte. Von einer schematischen Beauftragung ohne Berücksichtigung solcher Aspekte ist dringend abzuraten.

64 Diese Überlegungen zeigen, dass es bei der nachträglichen Bewertung des Nachunternehmers eben nicht nur um die immer wieder im Fokus stehenden Themen der Mangelfreiheit bei zurückliegenden Aufträgen geht, sondern um viel mehr Aspekte, die den Erfolg der gemeinsamen Projektabwicklung wesentlich beeinflussen können.

65 Stichwort Preis: Dass die Realität oft schlicht und manchmal zu schnell, wenn auch in wirtschaftlichen Drucksituationen oft verständlich, ausschließlich durch den günstigsten Angebotspreis geprägt ist, ist klar. Insbesondere bei nicht weit auseinander liegenden Angeboten aber ist der Auftraggeber gut beraten, die weiteren Kriterien bei seiner Beurteilung zu berücksichtigen.

II. Bewertungskriterien für die Zusammenarbeit aus Sicht des Nachunternehmers

66 Einige der oben genannten Kriterien gelten spiegelbildlich auch für die Perspektive des Nachunternehmers. Partnerschaftliche Kommunikation, Kooperations- und Kompromissbereitschaft sind ebenso wichtig wie das Agieren des Aufraggebers in Krisensituationen.

67 Wie sein potenzieller Auftraggeber „gestrickt" ist, kann der Nachunternehmer schon bei der Vertragsverhandlung erkennen, wenn es eine solche Verhandlung überhaupt gibt. Vielleicht wird dem Nachunternehmer ja einfach nur ein mehr oder weniger professionell gestaltetes Formular vorgelegt, mit der knappen Aufforderung, auf der letzten Seite zu unterschreiben. Dann erwartet der Auftraggeber gar keinen kompetenten, selbstbestimmten Partner, sondern einen Befehlsempfänger. Auch dies ist aus Sicht des Auftraggebers wieder zu kurz gedacht: Ein willfähriger Nachunternehmer, der sich seinen Vertrag gar nicht erst durchliest, sondern ihn einfach unterschreibt, wird sich im weiteren Projektverlauf eben nicht notwendigerweise als einfacher und vor allem kompetenter Partner erweisen.

68 Für den Nachunternehmer wiederum gilt, dass bereits eine verweigerte partnerschaftliche Vertragsverhandlung durch den Auftraggeber dessen grundsätzliche Einstellung zur Rolle und zu den Rechten des Nachunternehmers widerspiegeln kann.

69 Auch das Verhalten des Auftraggebers im Zusammenhang mit der

- Eigenverantwortlichkeit/Selbstbestimmtheit des Nachunternehmers
- Durchführung von Baubesprechungen
- Erstellung von Baubesprechungsprotokollen
- Bewertung berechtigter Behinderungsanzeigen
- Reaktion auf berechtigte Bedenkenanmeldungen
- gemeinsamen Aufmaßerstellung
- Unterzeichnung von nicht gemeinsam aufgenommenen Aufmaßen
- Akzeptanz berechtigter Nachträge
- Unterzeichnung bzw. Prüfung von Stundenlohnzetteln
- notwendigen Zurverfügungstellung von Planungsunterlagen
- notwendigen Erfüllung weiterer Mitwirkungspflichten
- berechtigten Bitte um Abnahme
- berechtigten Bitte um Unterzeichnung eines Abnahmeprotokolls
- Koordination mehrerer Nachunternehmer
- berechtigten Zurückweisung einer Mangelanzeige während der Gewährleistung (zum Beispiel, weil ein Mangel nicht bei Abnahme angelegt war und deshalb kein Gewährleistungsmangel ist)
- notwendigen partnerschaftlichen Kommunikation

und nicht zuletzt natürlich das

- allgemeine Zahlungsverhalten des Auftraggebers

geben Aufschluss über seine Qualität als Vertragspartner.

70 **Zusammenfassend gilt**, dass beide Seiten gut daran tun, sich ihren Vertragspartner sorgfältig auszusuchen und in einer Gesamtschau zu bewerten, die nicht nur übliche Kriterien berücksichtigt, sondern auch Kooperation, Kommunikation, Partnerschaftlichkeit und das Akzeptieren berechtigter Interessen der jeweils anderen Seite zum Gegenstand hat.

71 Und wenn es sich um eine erstmalige Zusammenarbeit handelt, beide Seiten also nicht auf frühere Erfahrungen zurückgreifen können? Dann ist es umso wichtiger, die Auftragsvergabe nicht einfach schnell

und unreflektiert vom Preis steuern zu lassen bzw., aus Sicht des Nachunternehmers, unbedingt den Auftrag zu bekommen, komme, was da wolle. Gespräche auf (wenn möglich und passend) Geschäftsführer-, insbesondere aber auch auf Projektleitungsebene, um die Verantwortlichen der jeweils anderen Seite kennenzulernen und einschätzen zu können, sind ein wichtiges Hilfsmittel, das leider häufig als überflüssig angesehen wird.

Daher nochmals: Auch bei einem Erstkontakt gibt bereits die **72**
Vertragsverhandlung (wenn sie überhaupt stattfindet) wichtige Aufschlüsse darüber, wie die andere Seite „tickt".

Kapitel 3
Weitere besonders wichtige Normen und Situationen im Nachunternehmerverhältnis

Das Nachunternehmerverhältnis wird durch einige immer wieder- 1
kehrende Vertrags- und Projektsituationen geprägt. Davon haben wir die Notwendigkeiten der Stellung einer Schlussrechnung und der Durchführung der Abnahme bereits oben näher beleuchtet. Es gibt aber weitere Normen und Ereignisse, deren richtiges Management den Erfolg beider Vertragsparteien positiv beeinflusst.

A. Auftragserteilung nach Vereinbarung eines Verhandlungsprotokolls

Die Variante des Verhandlungsprotokolls als vertragliche Gestaltung 2
des Nachunternehmervertrags haben wir in → Kapitel 1 Rn. 26ff. besprochen. Der Weg über das Verhandlungsprotokoll wird in der Praxis zurecht häufig gewählt, weil er gegenüber der „klassischen" Variante des (Nachunternehmer-)Werkvertrags für mehr Flexibilität des Auftraggebers für Verhandlungen mit mehreren Interessenten bietet.

Aber: Das unterzeichnete Verhandlungsprotokoll ist nur der erste 3
Schritt zum Vertrag. Üblicherweise wird am Ende des Protokolls sinngemäß formuliert, dass dieses Verhandlungsprotokoll gerade nicht bereits den Vertragsschluss bedeutet, sondern das Angebot des Nachunternehmers in Form und mit dem Inhalt des Verhandlungsprotokolls ist. Weiter wird richtigerweise darauf hingewiesen, dass der Vertrag erst mit Auftragserteilung des Auftraggebers zustande kommt.

Nur: Diese gesonderte Auftragserteilung muss dann auch erfolgen! 4
Und dokumentiert werden. Das Instrument des Verhandlungsprotokolls sollte nur wählen, wer sein System verinnerlicht hat. Die Auftragserteilung muss nicht lang, sondern kann sehr kurz sein, wieder sinngemäß: Auf Basis des Verhandlungsprotokolls vom … erteilen wir Ihnen hiermit den Auftrag zur … für das Bauvorhaben …

Ohne die Auftragserteilung kommt kein Vertrag zustande. Dieser 5
besteht aus Angebot und Annahme. Das Verhandlungsprotokoll ist

nur das Angebot, zum Vertragsschluss ist die Annahme des Angebots durch den Auftraggeber, also die Auftragserteilung, unabdingbar.

6 Diese sollte nicht mündlich, sondern schriftlich erfolgen. Das Schriftformerfordernis sollte ebenfalls im Verhandlungsprotokoll enthalten sein.

7 Wem dieser Weg als zu kompliziert erscheint, der sollte den Werkvertrag als einheitliches Dokument wählen.

B. Mängel vor Abnahme

8 Die Frage, was eigentlich ein Mangel ist[66] und welche Mängelrechte des Auftraggebers es vor Abnahme im Anwendungsbereich der VOB/B gibt[67], haben wir bereits an anderer Stelle besprochen. Im Nachunternehmerverhältnis wird das Thema deswegen besonders virulent, weil in der Praxis Mängel des Nachunternehmers vor Abnahme deutlich zu häufig ganz selbstverständlich im Wege der Ersatzvornahme beseitigt werden. Die gewissermaßen höchste Stufe dieser Vorgehensweise ist die Vergabe an andere Nachunternehmer, die zeitgleich auf der Baustelle arbeiten, nach dem Motto: „Macht ihr das mal, der kriegt das sowieso nicht hin", im Extremfall ohne Mangelbeseitigungsaufforderung und ohne Androhung der Ersatzvornahme.

9 Deshalb ist an dieser Stelle noch einmal (zwecks Vermeidung von Wiederholungen sehr kurz) der Hinweis auf die Rechtslage dringend geboten

I. BGB

10 Ist die Geltung der VOB/B nicht wirksam vereinbart und gelten die Regelungen des BGB, gibt es **keine** Mängelrechte des Auftraggebers vor Abnahme[68] und damit auch kein Recht des Auftraggebers auf Erstattung von Kosten für eine unberechtigte Ersatzvornahme!

---

[66] Stoltefuß, Rn. 436 ff.

[67] Stoltefuß/Przerwok, Rn. 468 ff. zur Systematik des § 4 Abs. 7 VOB/B und mit dem Hinweis auf die aktuelle Rechtsprechung des BGH (Urt. v. 19.1.2023 – VII ZR 34/20, NZBau 2023, 301 = NJW 2023, 1356) zur Unwirksamkeit der Norm bei eröffneter Inhaltskontrolle.

[68] BGH, Urt. v. 19.1.2017 – VII ZR 193/15, IBR 2017, 1014 = IBRRS 2017, 0804.

II. VOB/B

Zwar regelt § 4 Abs. 7 VOB/B grundsätzlich das Procedere bei Mängeln vor Abnahme und weist unter bestimmten Voraussetzungen den Weg zu den Regelungen des § 8 Abs. 3 VOB/B; der BGH hat jedoch die Unwirksamkeit der Norm für den Fall festgestellt, dass die VOB/B nicht „als Ganzes", also ohne Änderungen, vereinbart wurde.[69] **11**

12 Aufgrund dieser Rechtsprechung ist dem Auftraggeber bei Mängeln vor Abnahme im VOB/B-Bereich anzuraten, juristische Hilfe in Anspruch zu nehmen, wenn er unbedingt eine Ersatzvornahme auf Kosten des Nachunternehmers durchführen will.

III. Die Problemlösung

13 Das Management der unter I. und II. geschilderten Rechtsprechung könnte darin liegen, Mängelrechte vor Abnahme höherrangig bereits im Vertrag zu statuieren, um gar nicht erst zu den grundsätzlich im BGB- und VOB/B-Bereich zu beachtenden Restriktionen zu gelangen.

14 Hier ist jedoch Vorsicht geboten:

Die Formulierung der Mängelrechte und insbesondere das Recht zur Ersatzvornahme auf Kosten des Nachunternehmers ist nicht unkompliziert, wenn sie wirksam und wirklich hilfreich sein soll! Hier ist ebenfalls die Inanspruchnahme juristischer Hilfe anzuraten.

15 Dieser Befund wird durch einen weiteren Aspekt verstärkt: Wie bereits oben angesprochen wird es sich im Nachunternehmerbereich bei einem Verhandlungsprotokoll, einem Werkvertrag oder einem Rahmenvertrag häufig um Allgemeine Geschäftsbedingungen handeln. Hier besteht also ein erhöhtes Risiko der Unwirksamkeit solcher Regelungen.[70]

C. Auswahl eines Ersatzunternehmers und Dokumentation der Mehrkosten

16 Auch dann, wenn eine berechtigte Ersatzvornahme durchgeführt wurde, treten in der Praxis und insbesondere im Nachunternehmerbereich manchmal weitere Probleme auf, die Anlass zu streitigen

---

[69] Vgl. Fn. 64.

[70] Zum System der Allgemeinen Geschäftsbedingungen Stoltefuß, Rn. 131 ff.

Diskussionen geben. Leider ist in Einzelfällen ein gewisses „laissez faire“ des Auftraggebers (s.o.) zu beobachten, wenn es um die Auswahl des Ersatzunternehmers und die Dokumentation der Mehrkosten geht.

17 Zunächst und ganz grundsätzlich: Den Auftraggeber trifft eine Schadensminderungspflicht, er kann also keineswegs „machen, was er will“. Er muss den Schaden so gering wie möglich halten.[71] Diese Verpflichtung geht allerdings nicht so weit, dass unbedingt und immer der preiswerteste verfügbare Ersatzunternehmer ausgewählt werden muss[72]; der Auftraggeber hat einen Anspruch auf einen leistungsfähigen und kompetenten Ersatzunternehmer.

18 Diese Überlegungen zeigen schon, dass die Beurteilung der Erfüllung der Schadensminderungspflicht durchaus schwierig sein kann. Zur Vermeidung von Diskussionen ist der Auftraggeber gut beraten, mehrere Angebote einzuholen (und eben **nicht** einfach einen anderen, praktischerweise schon auf der Baustelle tätigen Nachunternehmer mit der Ersatzvornahme zu beauftragen). Die Durchführung einer Ausschreibung dürfte außerhalb eines öffentlichen Vergabeverfahrens jedenfalls im Regelfall nicht erforderlich sein[73], wofür häufig auch schon der zeitliche Aspekt spricht, wenn beispielsweise Vertragsfristen gefährdet sind.

19 Zur Abrechnung: Diese sollte nicht, wie in der Praxis leider nicht selten zu beobachten, dergestalt erfolgen, dass der ohnehin beauftragte weitere Nachunternehmer die Tätigkeiten der Ersatzvornahme einfach als Bestandteil seiner eigenen Abschlags- oder Schlussrechnung mit aufnimmt und die Berechnung dabei ohne Berücksichtigung des mit dem ersatzpflichtigen Nachunternehmers geschlossenen Vertrags nach den eigenen vertraglichen Vereinbarungen zur Vertragsart (Einheitspreis-, Detailpauschal-, Globalpauschalvertrag oder einfach abweichend zu allem über Stundenlohn) und/oder zur Abrechnung abrechnet.[74]

20 Die Ersatzvornahmekosten müssen nachvollziehbar, prüfbar und separat aufgestellt sein, Nachweise sind bei der Geltendmachung beizufügen, um direkt unnötige Diskussionen über die Berechtigung zu vermeiden.

---

[71] Kapellmann/Messerschmidt/Lederer VOB/B § 8 Rn. 109.

[72] Vgl. Ganten/Jansen/Voit/Althaus VOB/B § 8 Abs. 3 Rn. 44.

[73] Ganten/Jansen/Voit/Althaus VOB/B § 8 Abs. 3 Rn. 44.

[74] Zur Situation des Ersatzanspruchs nach Kündigung gemäß § 8 Abs. 3 VOB/B auf Basis der verschiedenen Vertragsarten instruktiv Kapellmann/Messerschmidt/Lederer VOB/B § 8 Rn. 104 ff.

Der Auftraggeber sollte von vornherein berücksichtigen, dass er für das Angefallensein, die Angemessenheit und die Kausalität zwischen den Mängeln und den aufgewendeten Kosten darlegungs- und beweispflichtig ist. Unsicherheiten, ob genau diese Kosten dafür aufgewendet wurden und aufgewendet werden durften, genau diese Mängel zu beseitigen, gehen also zu seinen Lasten: Der Auftragnehmer muss die ihm in Rechnung gestellten Arbeiten des Ersatzunternehmers hinsichtlich der Erforderlichkeit zu überprüfen; vor allem bei der Abrechnung von Stundenlohnarbeiten kann detaillierter Vortrag des Auftraggebers erforderlich sein.[75] **21**

D. Sicherheitsleistungen

I. Allgemeines

Rechtsprechung und Literatur zum Thema Sicherheitsleistung gibt es zuhauf. Darum und eine Kommentierung sämtlicher Einzelmerkmale soll es hier nicht gehen. Vielmehr wollen wir auf einen in der Praxis häufig vorkommenden Aspekt eingehen, der den Theoretiker erstaunen würde. **22**

Zunächst kurz und nur zur Orientierung ein kleiner Auszug aus der Rechtsgrundlage für Sicherheitsleistungen in der VOB/B: **23**

§ 17
Sicherheitsleistung

2. *Die Sicherheit dient dazu, die vertragsgemäße Ausführung der Leistung und die Mängelansprüche sicherzustellen.*

(2) Wenn im Vertrag nichts anderes vereinbart ist, kann Sicherheit durch Einbehalt oder Hinterlegung von Geld oder durch Bürgschaft eines Kreditinstituts oder Kreditversicherers geleistet werden, sofern das Kreditinstitut oder der Kreditversicherer

1. *in der Europäischen Gemeinschaft oder*
2. *in einem Staat der Vertragsparteien des Abkommens über den Europäischen Wirtschaftsraum oder*
3. *in einem Staat der Vertragsparteien des WTO-Übereinkommens über das öffentliche Beschaffungswesen*

zugelassen ist.

(6) 1. Soll der Auftraggeber vereinbarungsgemäß die Sicherheit in Teilbeträgen von seinen Zahlungen einbehalten, so darf er jeweils die Zahlung um höchstens 10 v. H. kürzen, bis die vereinbarte Sicherheitssumme erreicht ist. Sofern Rechnungen ohne Umsatzsteuer

---

[75] Vgl. Bolz/Jurgeleit/Jahn VOB/B § 8 Rn. 263.

gemäß § 13 b UStG gestellt werden, bleibt die Umsatzsteuer bei der Berechnung des Sicherheitseinbehalts unberücksichtigt. Den jeweils einbehaltenen Betrag hat er dem Auftragnehmer mitzuteilen und binnen 18 Werktagen nach dieser Mitteilung auf ein Sperrkonto bei dem vereinbarten Geldinstitut einzuzahlen. Gleichzeitig muss er veranlassen, dass dieses Geldinstitut den Auftragnehmer von der Einzahlung des Sicherheitsbetrags benachrichtigt. Absatz 5 gilt entsprechend.

(7) Der Auftragnehmer hat die Sicherheit binnen 18 Werktagen nach Vertragsabschluss zu leisten, wenn nichts anderes vereinbart ist. Soweit er diese Verpflichtung nicht erfüllt hat, ist der Auftraggeber berechtigt, vom Guthaben des Auftragnehmers einen Betrag in Höhe der vereinbarten Sicherheit einzubehalten. Im Übrigen gelten die Absätze 5 und 6 außer Nummer 1 Satz 1 entsprechend.

24 Hier findet sich in der VOB/B also die Grundlage für die in der Praxis selbstverständlich bekannte Abgrenzung von der Vertragserfüllungs- zur Gewährleistungssicherheit. Die Regelungen des § 17 VOB/B gelten jedoch (wenn die VOB/B überhaupt wirksam in den Nachunternehmervertrag einbezogen wurde) nur dann, wenn höherrangig in den Vertragsgrundlagen, typischerweise bereits im Verhandlungsprotokoll, Werkvertrag oder Rahmenvertrag, nichts Abweichendes vereinbart wird. Eine solche abweichende Vereinbarung ist vor allem in seitens des Auftraggebers vorformulierten Vertragsbedingungen der Regelfall. Auffällig ist aber, dass bereits hier, im Text der VOB/B, die „berühmten" 10 % Vertragserfüllungssicherheit erwähnt sind.

25 Das in der Praxis verbreitete System – Einbehalt von Abschlagsrechnungen, Ablösbarkeit durch Bürgschaft – gilt sowohl für die Vertragserfüllungs- als auch für die Gewährleistungssicherheit.

26 Bei der Sicherheit durch Bürgschaft ist es für den Auftraggeber häufig sinnvoll, ein Bürgschaftsformular vorzubereiten, die Nutzung im Vertragstext verbindlich zu machen und als Anlage beizufügen.

II. Höhe der Vertragserfüllungssicherheit

27 Der VOB/B-Regelung entsprechend werden in Allgemeinen Geschäftsbedingungen bislang wohl noch überwiegend 10 % der Bruttoschlussrechnungssumme als angemessen angesehen.[76]

[76] Vgl. zB BGH, Urt. v. 9.12.2010 – VII ZR 7/10, NZBau 2011, 229; Roquette/Fußy, NZBau 2013, 65 (68).

III. Höhe der Gewährleistungssicherheit

Hierbei sollten 5% der der geprüften Bruttoschlussrechnungssumme nicht überschritten werden, wenn nicht die Unwirksamkeit der Vereinbarung riskiert werden soll.[77] **28**

IV. Die Praxis

So weit, so nachvollziehbar. Nun könnte man, auch aufgrund der zum Thema der Übersicherung ergangenen Rechtsprechung, vermuten, dass eine solche Übersicherung in der Praxis das einzige Thema zur Sicherungshöhe ist. Weit gefehlt. **29**

Im Rennen um Nachunternehmer (fähige, billige, fähige und billige, in Stresssituationen verfügbare, bekannte, bewährte etc.) wird die Sicherungshöhe nämlich häufig seitens des Auftraggebers sozusagen im Wege des „vorauseilenden Gehorsams" selbst ohne entsprechenden Wunsch des Nachunternehmers von vornherein **herabgesetzt**. Dann werden aus den eigentlich möglichen 10% Vertragserfüllungssicherheit 5%, aus den 5% Gewährleistungssicherheit werden 3% oder der Auftraggeber verzichtet gleich ganz auf Sicherheiten. **30**

Das ist gefährlich. Insbesondere im Insolvenzfall kann eine Sicherheit Gold wert sein. Der Auftraggeber sollte sich gut überlegen, ob er die von der Rechtsprechung gesetzten Grenzen unterschreitet. Dies mag in Ausnahmekonstellationen durchaus einmal vertretbar sein; von einer Vorgehensweise des Auftraggebers, die im Regelfall und ganz automatisch geringere Sicherheiten akzeptiert, ist jedoch dringend abzuraten. **31**

Die Inanspruchnahme von 10% Vertragserfüllungs- und 5% Gewährleistungssicherheit ist von der Rechtsprechung gedeckt und berücksichtigt die berechtigten Interessen beider Seiten. Warum sollte hiervon also als Regelfall nach unten abgewichen werden? **32**

Der Auftraggeber sollte sich auch fragen, ob ein Nachunternehmer, der die Sicherheitsleistung in angemessener Höhe nicht stellen will oder kann (Bürgenhaftung!), der richtige Nachunternehmer für ihn ist. **33**

---

[77] BGH Urt. v. 1.10.2014 – VII ZR 164/12: Vereinbarung von 7% der Auftrags- bzw. Abrechnungssumme unwirksam.

E. Rechtswahrnehmung durch den Auftragnehmer

34 Schließlich noch einige allgemeine, aber sehr wichtige Anmerkungen zum Verhältnis zwischen dem Nachunternehmer und seinem Auftraggeber.

35 Im Anhang sind einige Normen aufgelistet, die neben den im Buch angesprochenen Paragrafen von Bedeutung für das Nachunternehmerverhältnis sind, für Auftraggeber und Nachunternehmer. Der Auftraggeber muss flexibel sein und Änderungen und Ergänzungen des ursprünglichen Bausolls anordnen dürfen, um auf unvorhergesehene Entwicklungen reagieren zu können. Dann hat der Nachunternehmer aber auch entsprechende Mehrvergütungsansprüche.

36 Der Nachunternehmer kann beim Auftreten von Behinderungssituationen dafür Sorge tragen, dass sich seine Vertragsfristen um die Dauer der Behinderung nach hinten verschieben; dann sollte er dem Auftraggeber aber auch eine den Anforderungen der VOB/B und der Rechtsprechung entsprechende Behinderungsanzeige übermitteln.

37 Der Auftraggeber muss Gewährleistungsmängel während der Verjährungszeit im eigenen Interesse geltend machen; dann sollte er es aber auch akzeptieren, wenn wider Erwarten doch kein „Gewährleistungsmangel" vorliegt, weil der vom Soll abweichende Zustand nicht bereits bei Abnahme angelegt war, sondern erst hinterher entstanden ist.

38 Diese Beispiele ließen sich fortsetzen, sollen aber alle nur eins zum Ausdruck bringen: Das Gleichgewicht der Kräfte im Nachunternehmerverhältnis erfordert die aktive und selbstbestimmte Rechtswahrnehmung durch den Nachunternehmer.

39 Das Denken von den Normen her wird im Nachunternehmerverhältnisinsbesondere aufgrund der häufig bestehenden Über-/Unterordnungskonstellation in vielen Fällen nicht zum Erfolg führen. Ein juristischer Anspruch hilft nicht, wenn er (unabhängig von der Kenntnis seiner Existenz) aufgrund eines beidseitig falschen Verständnisses ohnehin nicht geltend gemacht wird.

40 Würde das Verhältnis durch Partnerschaft und Gleichberechtigung geprägt, wäre es auf dieser Grundlage einfacher und effektiver, das juristische Instrumentarium zu nutzen. Diese beidseitige Nutzung wäre dann auch deutlich weniger dazu geeignet, Konflikte hervorzurufen, die wiederum den wirtschaftlichen Erfolg gefährden.

41 Im Übrigen: Die Erfahrung zeigt erstens, dass ein Nachunternehmer, der keine Bedenken anmeldet und keine Behinderungen anzeigt, nicht bequem, sondern unprofessionell ist. Zweitens sind bei einem unprofessionellen Nachunternehmer Ineffektivitäten, das Abstreiten eindeutiger Mängel oder eindeutigen Verzugs, Probleme mit der Bürgenhaftung, eine unzureichende Personaldecke etc. wahrscheinlicher als bei einem Nachunternehmer, der seine Rechte nicht nur kennt, sondern sie auch wahrnimmt.

Die Kooperationsrechtsprechung ist wichtig, fordert Kooperation und Kommunikation aber (zurecht) aufgrund des Charakters des Bauvertrags als Langzeitvertrag, bei dem beide Seiten voneinander abhängig sind, ein. Auch dieser Ansatz beruht also auf einer juristischen, da vertraglichen und sanktionsbewährten (im Extremfall fristlose Kündigung aus wichtigem Grund!) Grundlage. **42**

Versucht man, sich hiervon gedanklich zu lösen und eine **rein wirtschaftliche** Betrachtung durchzuführen, gelangt man bemerkenswerter Weise zu denselben Notwendigkeiten. Selbst ohne die klaren Direktiven der Kooperationsrechtsprechung und ohne juristischen Rahmen wird eine kooperative, kommunikative und partnerschaftliche, eben **gemeinsame** Projektdurchführung zu deutlich besseren wirtschaftlichen Ergebnissen führen als eine konfrontative Herangehensweise, die nur scheinbar und auf den ersten Blick zur maximalen Durchsetzung der eigenen Interessen führt, auf lange Sicht jedoch mehr Ärger als Vorteile bringt. Und genau das ist es doch, was der Nachunternehmer und sein Auftraggeber wollen: wirtschaftlicher Erfolg. **43**

Das Streben nach diesem Erfolg ist es aber auch, was ihnen Druck macht, was ihre Quartals-, Halbjahres- und Jahresabschlüsse, ihre Wertberichtigungen und Rückstellungen, ihre Bereitschaft, innovativ zu sein, Wagnisse einzugehen und neue Wege zu beschreiten, bestimmt und letztlich über persönliche Schicksale entscheidet. **44**

Lässt man alle Appelle, schönen Worte und juristischen Rahmenbedingungen beiseite und konzentriert sich ausschließlich auf die Zahlen der beiden beteiligten Unternehmen, gilt: **Durchgreifenden wirtschaftlichen Erfolg** können der Nachunternehmer und sein Auftraggeber **nur gemeinsam** erreichen. **45**

Ist diese Erkenntnis die Basis für das gemeinsame Projekt, bieten die juristischen Grundlagen die hilfreichen Werkzeuge dafür, die beiderseitigen Interessen maximal durchzusetzen. **46**

Kapitel 4
Arbeiten im Graubereich: Compliance-Aspekte der Nachunternehmerbeziehung

A. Nähe und wechselseitige Abhängigkeit

1 Compliance-Themen gibt es viele und in unterschiedlichsten Bereichen eines Wirtschaftsunternehmens. Ob Kartellrechtsfragen, Mobbing, Bestechung und Bestechlichkeit, sexuelle Belästigung, Datenschutzverstöße oder berechtigte oder falsche Anschuldigungen in Whistleblowing-Hotlines: Vieles ist denkbar, manches geschieht. Prävention, Aufklärung, Transparenz und die Schaffung eines Bewusstseins dafür, wie wichtig ein funktionierendes Compliance Management System (CMS) für ein Unternehmen ist, sind wichtige Elemente im Kampf gegen Compliance-Verstöße.

2 Aus diesem vielfältigen Bereich wollen wir uns die Compliance-Aspekte der Nachunternehmerbeziehung näher ansehen, und zwar aus gutem Grund, da diese Beziehung durch Elemente geprägt wird, die Compliance-Verstöße begünstigen können. Der in der Überschrift dieses Abschnitts benutzte Begriff „Nähe“ meint hier sowohl räumliche als auch inhaltliche Nähe.

3 Wechselseitige Abhängigkeit ist zwar kein compliancerechtliches Alleinstellungsmerkmal der Beziehung zwischen dem Nachunternehmer und seinem Auftraggeber, aber doch evident.

4 Über die große Bedeutung der Abnahme haben wir oben bereits gesprochen. Allein die Tatsache, dass eine erfolgreiche Abnahme die Fälligkeit der Schlussrechnung herbeiführt, spricht für sich. Der Nachunternehmer ist hinsichtlich seines wirtschaftlichen Erfolgs also in hohem Maße von seinem Auftraggeber und dabei konkret von den handelnden Personen des Auftraggebers abhängig. Die handelnden Personen des Auftraggebers sind in diesem Zusammenhang, je nach Bezeichnung, meistens die Projekt- und/oder Bauleiter.

5 Ein weiterer Aspekt kommt hinzu. Der Austausch zwischen den Vertretern des Nachunternehmers, bei kleineren Unternehmen ggf. auch direkt mit dem Geschäftsführer, und den Bau- oder Projektleitern ihres Auftraggebers findet im Regelfall nicht im Unternehmen, sondern persönlich auf der Baustelle oder telefonisch, per E-Mail oder

Videokonferenz statt. Die Kontrolle der Kommunikation, und zwar sowohl die hierarchische Kontrolle durch Vorgesetzte als auch die „Sozialkontrolle" durch Kollegen, zum Beispiel in einem Großraumbüro, einem Besprechungs- oder Sozialraum, ist also stark eingeschränkt. Diese Einschränkung der Sichtbarkeit auf beiden Seiten verändert die Ausgangslage.

6 Nun sollen in diesem Kapitel zwar Compliance-Aspekte behandelt werden; keinesfalls aber sollen die Projektbeteiligten auf Seiten des Nachunternehmers und seines Auftraggebers einem Generalverdacht ausgesetzt werden. Logischer- und glücklicherweise ist der absolut überwiegende Teil der Projektbeteiligten auf beiden Seiten seriös und fern jedes Compliance-Verstoßes unterwegs. Das ändert aber nichts daran, dass ihre Beziehungsstruktur die Anfälligkeit für verbotene Handlungen erhöhen kann. In diesem Kapitel soll zu einem Bewusstsein der Beteiligten dafür beigetragen werden, dass

- die Compliance-Anforderungen und die Strenge der Beurteilung von Compliance-Verstößen in den letzten Jahren extrem gewachsen sind und deshalb Formulierungen wie „das haben wir schon immer so gemacht und es hat sich nie jemand beschwert" oder „das machen doch alle" oder auch „so läuft das nun mal auf dem Bau" schlichter Unsinn sind und unter dem Aspekt eines zu Recht deutlich gestiegenen Compliance-Bewusstseins gerade im Baubereich zu fatalen Konsequenzen führen können
- die persönliche Haftung insbesondere für strafbare Handlungen nicht beim Betreten der Baustelle endet, weil man – ein nicht selten vorgetragenes Argument – doch eigentlich „im Sinne des Unternehmens" gehandelt habe (was ohnehin falsch ist; das Gegenteil ist richtig)
- ein Compliance-Verstoß in vielen Fällen eine jahrelange Erpressbarkeit verursachen kann (erfahrungsgemäß kommt der „Bumerang" selten im unmittelbaren zeitlichen Zusammenhang mit der Tat, sondern oft erst lange Zeit später) und auch deswegen
- den persönlichen Stress der Beteiligten vervielfachen kann (als hätte man nicht schon genug Stress)
- die Handlung eines Einzelnen zum Reputationsverlust für das gesamte Unternehmen und damit von allen Kolleginnen und Kollegen führen kann
- den wirtschaftlichen Projekterfolg gefährden kann.

7 Im Nachunternehmerbereich kann man die positive Kehrseite der wechselseitigen Abhängigkeit in der Kooperationsrechtsprechung verorten, die ihre Begründung ja gerade in genau dieser oft jahrelangen Abhängigkeit findet und deswegen Kommunikation, Kooperation, Dialog- und Kompromissbereitschaft fordert. Die negative Kehrseite der Medaille bilden Strukturen, die insbesondere in Drucksituationen missbraucht werden können. Möglicherweise benötigt der Nachunternehmer schnell weitere Aufträge, um im Extremfall der Insolvenz zu entgehen. Eine vergleichbare Motivationslage kann ihn dazu bringen, auf die Unterzeichnung seiner Aufmaßblätter oder die dringend benötigte Abnahme zu drängen. Der Projektleiter des Auftragnehmers wiederum kann im Rahmen seines Vertragsverhältnisses zu seinem Auftraggeber unter erheblichem Termindruck stehen und, das Versäumen einer Vertragsfrist vor Augen, von einem „überpflichtgemäßen" Einsatz des Nachunternehmers abhängig sein. In dieser Gemengelage sind viele Konstellationen denkbar, die zu compliancewidrigem Verhalten führen können.

B. Was ist eigentlich eine unerlaubte Zuwendung?

Bei isolierter Betrachtung des Begriffs der „Zuwendung" ist die Antwort zunächst relativ einfach: Eine Zuwendung ist alles, was der anderen Seite einen Vorteil bringt. Deshalb muss man sich von dem Gedanken lösen, dass eine solche Zuwendung immer aus Geld bestehen muss, das, um die Klischeevorstellung zu vervollständigen, auf einer Autobahnraststätte übergeben wird. Auch Gegenstände wie eine teure Armbanduhr decken das mögliche Spektrum der „Zuwendung" nicht ab. Von verführerischem Wert für den Ansprechpartner auf der anderen Seite können auch Essenseinladungen, die Möglichkeit zur Benutzung einer Ferienwohnung, Eintrittskarten und Vergünstigungen aller Art sein. **8**

Zuwendungen in diesem Sinne können auch indirekt erfolgen, zum Beispiel an Familienangehörige. Diese werden dem letztlich Empfangenden in der Regel zugeordnet. **9**

„Unerlaubt" ist eine Zuwendung im Regelfall dann, wenn sie unangemessen ist und intransparent erfolgt, den internen Compliance-Regeln eines oder beider Unternehmen widerspricht und/oder den Anschein des ungerechtfertigten geschäftlichen Zusammenhangs erweckt, was zum Beispiel für eine (vielleicht gar nicht unbedingt sehr kostspielige) Einladung zum Abendessen am Tag vor der geplanten Abnahme gilt. Eine schematische Beurteilung verbietet sich, die Analyse des jeweiligen Einzelfalls ist gefragt. **10**

C. Geben und Nehmen

11 Es ist eigentlich selbstverständlich, wird in der Praxis aber manchmal zu wenig berücksichtigt: Insbesondere im Zusammenhang mit unerlaubten Zuwendungen ist zu berücksichtigen, dass die Compliance-Beurteilung unabhängig davon ist, wer wen compliancewidrig zum Abendessen oder zum Fußballspiel einlädt. Ob der Projektleiter den Geschäftsführer des Nachunternehmers fragt, was er denn dafür bekommt, wenn er in seiner Schlussrechnung eine Zulageposition für tatsächlich nichtexistierende „Erschwernisse" akzeptiert oder ob umgekehrt der Geschäftsführer des Nachunternehmers dem Projektleiter seines Auftraggebers vorschlägt, man könne dabei doch „halbe-halbe" machen, ist (natürlich) irrelevant. Gleiches gilt für unerlaubte Esseneinladungen usw.

D. Code of Conduct, Richtlinien, Whistleblowing-Hotline und Schulungen

I. Code of Conduct

12 Jedes Unternehmen tut gut daran, sich sorgfältig konzipierte Compliance-Regeln in Form eines grundlegenden, verbindlichen Code of Conducts zu geben, in dem unter anderem die Unternehmenswerte vermittelt, die Kriterien der „Angemessenheit" festgelegt und Kommunikationswege aufgezeigt werden.

13 Die Konzeption und die Implementierung eines solchen Code of Conduct sollen an dieser Stelle ebenso wie die weiteren Compliance-Instrumente nicht in allen Details, sondern nur kurz vorgestellt werden, um unseren Schwerpunkt, die Nachunternehmer-Compliance, nicht zu weit zu verlassen.

14 Stichwort Unternehmenswerte: Gerade im Zusammenhang mit seiner Vertragspartner-Compliance, ob nun bezogen auf Nachunternehmer, Lieferanten, Dienstleister oder externe Berater, sollte jedes Unternehmen für sich entscheiden, welche Werte es „nach außen" vermitteln möchte. Der Schneeball-Effekt compliancewidrigen Verhaltens kann enorm, der Ruf schneller zerstört als aufgebaut sein. Respekt, fairer Wettbewerb, Achtung von Geschäftsgeheimnissen und Nichtakzeptanz jeglicher Arten von Korruption sind keine schönen Worte, keine Nice-to-haves, sondern Must-haves, wenn das Unternehmen im Wettbewerb bestehen und das Vertrauen seiner Vertragspartner nicht verlieren will.

Der Code of Conduct sollte zwar verbindlich sein, von den Mitarbeitenden aber nicht als bloßes notwendiges Übel verstanden werden. Im besten Fall werden die dem Code zugrundeliegenden Werte verinnerlicht und als richtig akzeptiert. Hier kommt es sowohl auf die benutzte Sprache als auch auf die Art der Veröffentlichung an. Ist der Code in einer praxisfremden, technokratischen Sprache im „du darfst nicht"-Stil verfasst und wird er klassisch autoritär und top down verkündet, wird die Akzeptanz in großen Teilen der Belegschaft nahe Null sein. **15**

II. Richtlinien

In Abgrenzung zum Code of Conduct, der sich meist auf einer allgemeineren Ebene mit den Unternehmenswerten und den grundsätzlichen Compliance-Vorgaben befasst, bieten sich Richtlinien an, um sich auf ein bestimmtes Thema zu konzentrieren. Beispielhaft sind hier Bereiche wie fairer Wettbewerb und Kartellrecht, IT-Sicherheit, Kommunikation, Einladungen und Geschenke allgemein, aber eben auch das Nachunternehmermanagement zu nennen. In einer verbindlichen Richtlinie zum Nachunternehmermanagement könnte beispielsweise festgelegt werden, **16**

- dass nur Nachunternehmer aus einem auch nach Compliance-Gesichtspunkten erstellten Pool beauftragt werden dürfen
- welche Vertragsformulare verbindlich zu nutzen sind
- welche Berichtspflichten es gibt
- wie Schrift- bzw. Mailverkehr mit dem Nachunternehmer zu archivieren ist.

III. Whistleblowing-Hotline

Gesetzliche Grundlage für die Einrichtung einer Whistleblowing-Hotline ist das Gesetz für einen besseren Schutz hinweisgebender Personen (Hinweisgeberschutzgesetz – HinSchG). **17**

Nur kurz zur Verdeutlichung einige Auszüge aus dem Gesetz: **18**

§ 1 Zielsetzung und persönlicher Anwendungsbereich
(1) Dieses Gesetz regelt den Schutz von natürlichen Personen, die im Zusammenhang mit ihrer beruflichen Tätigkeit oder im Vorfeld einer beruflichen Tätigkeit Informationen über Verstöße erlangt haben und diese an die nach diesem Gesetz vorgesehenen Meldestellen melden oder offenlegen (hinweisgebende Personen).

(2) Darüber hinaus werden Personen geschützt, die Gegenstand einer Meldung oder Offenlegung sind, sowie sonstige Personen, die von einer Meldung oder Offenlegung betroffen sind.

§ 2 Sachlicher Anwendungsbereich

(1) Dieses Gesetz gilt für die Meldung (§ 3 Absatz 4) und die Offenlegung (§ 3 Absatz 5) von Informationen über

1. *Verstöße, die strafbewehrt sind,*
2. *Verstöße, die bußgeldbewehrt sind, soweit die verletzte Vorschrift dem Schutz von Leben, Leib oder Gesundheit oder dem Schutz der Rechte von Beschäftigten oder ihrer Vertretungsorgane dient,*
3. *sonstige Verstöße gegen Rechtsvorschriften des Bundes und der Länder sowie unmittelbar geltende Rechtsakte der Europäischen Union und der Europäischen Atomgemeinschaft*

§ 3 Begriffsbestimmungen

(2) Verstöße sind Handlungen oder Unterlassungen im Rahmen einer beruflichen, unternehmerischen oder dienstlichen Tätigkeit, die rechtswidrig sind und Vorschriften oder Rechtsgebiete betreffen, die in den sachlichen Anwendungsbereich nach § 2 fallen. Hierzu können auch missbräuchliche Handlungen oder Unterlassungen gehören, die dem Ziel oder dem Zweck der Regelungen in den Vorschriften oder Rechtsgebieten zuwiderlaufen, die in den sachlichen Anwendungsbereich nach § 2 fallen.

19 Hinweisgeberschutz in diesem Sinne wird unter anderem durch eine Whistleblowing-Hotline gewährt. Wichtig ist dabei zu wissen, dass eine solche Hotline auch für externe, also nicht dem Unternehmen zugehörige Personen freigeschaltet werden kann, beispielsweise für Nachunternehmer. Dabei geht es nicht um Denunziation, sondern um das Aufdecken compliancewidriger Praktiken, die den Ruf des Unternehmens gerade „nach außen“, insbesondere im Kreis aktueller und potenzieller Nachunternehmer, schaden können. Effektiver Hinweisgeberschutz kann vor allem durch eine externe Anlaufstelle, zum Beispiel eine Anwaltskanzlei, und Anonymität für den Hinweisgeber gesichert werden. Eine sorgfältige Investigation wird dabei im ersten Step immer neutral und unbefangen an einen eingegangenen Hinweis herangehen; schließlich kann er sowohl berechtigt sein als auch in der Absicht verfasst werden, jemandem zu schaden. Dass dieser Gedanke auch im Nachunternehmerbereich gilt, liegt auf der Hand, da das Nachunternehmerverhältnis viel Konfliktpotenzial birgt.

IV. Schulungen

Schulungen erfahrener Dozenten zu den Compliance-Aspekten des Nachunternehmerverhältnisses, orientiert am Code of Conduct und/ oder speziellen Richtlinien, sind ein bewährtes Mittel, um den Inhalt und vor allem den Sinn, der hinter solchen formalisierten Instrumenten steckt, zu vermitteln. Werden Werte und compliancegemäße Verhaltensweisen als richtig akzeptiert, werden auch ein Code of Conduct oder eine Richtlinie viel eher nicht nur zur Kenntnis genommen, sondern tatsächlich umgesetzt. Wir reden im Compliance-Bereich nicht über lästige Kleinigkeiten. Unter allgemeinen Compliance-Gesichtspunkten sind Mobbing, sexuelle Belästigung, rassistische Beleidigungen usw. inakzeptabel, auch nicht mit sinngemäßen Rechtfertigungen wie: „Hey, wir sind hier auf dem Bau, da muss man schon mal was abhaben können“, wahlweise: „... da geht es eben etwas rauer zu.“ Das ist und war schon immer Blödsinn und schlicht unerheblich. 20

Entsprechendes gilt natürlich im Nachunternehmerbereich. Korruption, Betrug zulasten des Auftraggebers durch falsche Abrechnungen oder gefälschte Dokumentationen sind kein Witz, sondern Straftaten. Bei Schulungen ist also Flexibilität gefragt: Einerseits dürfen indiskutable Verhaltensweise nicht diskutiert werden, andererseits ist das Verständnis des Dozenten dafür gefragt, dass im Nachunternehmerbereich insbesondere Bau- und Projektleiter einer Vielzahl von Situationen ausgesetzt sind, die eben nicht klar sind, sondern sich im Graubereich abspielen. 21

E. Einladungen: Möglichkeiten und Grenzen

Insbesondere ist immer wieder unklar, wo die Grenze bei Einladungen liegt. Darf man sich vom Projektleiter des Vertragspartners zu einem Kaffee einladen lassen? Zu einem Kaffee plus Brötchen morgens, plus einem kleinen Imbiss mittags, plus einer Pizza abends beim Italiener um die Ecke von der Baustelle? Hier helfen klare Vorgaben zum Thema Einladungen und Geschenke. Solche klaren Regeln sind gerade im Verhältnis zum Nachunternehmer sehr hilfreich, weil sie Orientierung geben und Sicherheit vermitteln. Entsprechendes gilt aus Sicht des Nachunternehmers. 22

Dabei ist als Grundsatz zunächst zu berücksichtigen: Auch, wenn der Compliance-Bereich in den letzten Jahren durch eine zunehmende Strenge und Ausdifferenzierung in alle Arbeitsbereiche gekennzeichnet ist, ist nicht alles verboten. Gemeinsames Essengehen ist 23 im geschäftlichen Bereich üblich. Gefragt sind Angemessenheit und Transparenz. Auf den ersten Blick mag es befremdlich klingen, aber: Je höher die Position, desto höher ist auch der im Einzelfall angemessene Betrag der Einladung.

24 Bei der Konzeption einer Richtlinie für Einladungen und Geschenke ist zu entscheiden, ob dort konkrete Beträge aufgenommen werden, bis zu denen Einladungen – ob zum Essen, zum Fußball, zur Karnevalsveranstaltung oder wozu auch immer – angemessen sind. Entscheidet man sich dafür, bietet sich eine Staffelung der zulässigen Beträge nach Positionen an, zum Beispiel also aufsteigend nach den Bezeichnungen Bauleiter, Projektleiter, Abteilungsleiter, Niederlassungsleiter und Geschäftsführer. Solche Werte gelten dann sowohl für den Fall, dass man der Eingeladene ist, als auch dann, wenn man selbst einlädt.

F. Der Anschein des geschäftlichen Zusammenhangs

25 Eine klare Staffelung nach Positionen und Beträgen in Richtlinien nützt allerdings gar nichts, wenn trotz Einhaltung der Anschein des geschäftlichen Zusammenhangs besteht. Das meint nicht den allgemeinen geschäftlichen Zusammenhang, der bei unserem Thema ohnehin immer besteht, sondern den Zusammenhang im Einzelfall. Ein gutes Beispiel dafür ist die schon erwähnte Essenseinladung am Abend vor der Abnahme. Mögen auch die betragsmäßigen Grenzen aus der Richtlinie eingehalten sein – der Zusammenhang mit der für die Fälligkeit der Schlussrechnung dringend benötigten Abnahme ist evident. Um es noch deutlicher zu sagen: Von solchen Einladungen ist dringend abzuraten, und zwar auf beiden Seiten. Auch dieser Aspekt sollte klar und deutlich in einen Code of Conduct bzw. eine Geschenke-Richtlinie mit aufgenommen werden, um den primär am Nachunternehmer-Verhältnis Beteiligten – beispielsweise Nachunternehmereinkauf, Partnermanagement, Projekt- und Bauleitung – auch insoweit einen Leitfaden an die Hand zu geben.

26 Beispiele dafür finden sich viele: Neben der Einladung im unmittelbaren zeitlichen Zusammenhang mit der Abnahme ist hier an Projektsituationen wie eine bevorstehende Verhandlung des Nachunternehmervertrags, eine möglicherweise überfällige Aufmaß- oder Rechnungsprüfung durch den Auftraggeber, den Wunsch des Nachunternehmers nach Zahlung einer Rechnung vor Fälligkeit oder auch den Wunsch des Auftraggebers nach überpflichtgemäßen Leistungen des Nachunternehmers, um Defizite der eigenen Leistung in den Griff zu bekommen, zu denken. Jedes „Geschmäckle" sollte unbedingt vermieden werden.

Auch dabei gilt wieder für beide Seiten des Nachunternehmer- 27
verhältnisses, dass es nie schlau ist, sich angreifbar zu machen. Selbst dann, wenn gar keine Absicht bestand, mit der Einladung ein bestimmtes Verhalten seines Gegenübers zu „forcieren", kann diese gerade in einem Bauunternehmen vielfältige unangenehme Diskussionen verursachen.

Ein klassisches Beispiel aus dem Management des Nachunterneh- 28
merverhältnisses: Der Projektleiter des Nachunternehmers lädt sein Gegenüber auf Seiten seines Auftraggebers kurz vor der Abnahme zu einem Fußballspiel ein. Die Abnahme ist erfolgreich. Der Auftraggeber des Nachunternehmers beantragt in der Folgezeit seine eigene Abnahme bei seinem Auftraggeber, weil er sein Gewerk jetzt insgesamt fertiggestellt hat. Die Abnahme scheitert wegen Mängeln der schon abgenommenen Nachunternehmerleistung, die der zuständige Projektleiter schlicht übersehen hatte. Das kann passieren, könnte in Kombination mit der vorherigen Einladung aber etwas seltsam aussehen und jedenfalls unangenehme Nachfragen der Geschäftsführung nach sich ziehen, wenn die Einladung bekannt wird.

G. Transparenz und Dokumentation

Um hier direkt an das Vorstehende anzuschließen: Die Einladung soll- 29
te sogar bekannt sein. Nichts ist kurzsichtiger, als solche Einladungen heimlich durchzuführen und darauf zu hoffen, dass schon niemand etwas davon erfährt. Wird die Einladung wie im obigen Beispiel später bekannt, sind die persönlichen Folgen unabsehbar. Dazu kommt die bereits erwähnte Erpressbarkeit, die wirklich niemand will. Zur Vermeidung solcher Situationen gibt es eine einfache Lösung: Transparenz und Dokumentation.

Einladungen sollten im Vorfeld mit dem Vorgesetzten und/oder 30
(je nach Kompetenzverteilung) dem Compliance-Beauftragten abgestimmt werden. Die Zustimmung sollte ebenso dokumentiert sein wie die Durchführung. Es sollte also festgehalten werden, wer wann mit wem und zu welchem Wert zum Essen gegangen ist, das Fußballspiel oder die Karnevalsveranstaltung besucht hat. Schließlich muss im Anschluss ja auch eine ordnungsgemäße Versteuerung durchgeführt

werden. Und der größte Vorteil für den Eingeladenen und den Einladenden: Alles ist transparent und nachvollziehbar, niemand kann ihnen mehr vorwerfen, etwas heimlich gemacht zu haben.

31 Interessant an der vorherigen Abstimmung mit dem Compliance-Beauftragten ist in der Praxis auch, dass diese Abstimmung oft zu eher unerwarteten Ergebnissen führt. Aktionen, bei denen der Bauleiter ein schlechtes Gefühl hat, sind häufig erlaubt, während Einladungen, die ganz selbstverständlich als völlig in Ordnung eingestuft sind, manchmal besser nicht angenommen oder ausgesprochen werden sollten. Der Einzelfall ist zu analysieren. Gerade in Zweifelsfällen, und von denen gibt es viele, sinkt der persönliche Stress rapide, wenn man grünes Licht bekommen hat und das Thema, je nach Persönlichkeitsstruktur, nicht tage- oder wochenlang mit sich herumschleppen muss.

32 Transparenz bedeutet, eine Compliance-relevante Handlung nicht „heimlich" durchzuführen, sondern offen mit Einladungen etc. umzugehen.

33 Beim Stichwort „Dokumentation" muss sich der Baupraktiker von dem Reflex lösen, dass Dokumentation immer nur die zur Abnahme abzugebende „Doku" ist. Dokumentation im compliancerechtlichen Zusammenhang meint das Festhalten des Sachverhalts zumindest im Rahmen eines Mailverkehrs einschließlich der Genehmigung des Vorgesetzten bzw. im Einzelfall Zuständigen und die Archivierung bzw. das Ausdrucken der Mails mit anschließender sorgfältiger Aufbewahrung. Wer sich etwas genehmigen lässt, diese Genehmigung im Streitfall aber nicht nachweisen kann, hat ein Problem.

34 „Dokumentation" meint wie oben beschrieben weiter die Dokumentation des Ereignisses selbst.

35 Das Gesamtpaket aus Prüfung der Rechtmäßigkeit des geplanten Verhaltens, uneingeschränkter Transparenz und sorgfältiger Dokumentation bildet eine gute Grundlage dafür, Einladungen zum Essen, die Teilnahme an Veranstaltungen usw. unbeschwert und frei von persönlichem Stress genießen zu können.

H. Arbeits- und strafrechtliche Kriterien

36 Die nachfolgenden Ausführungen sollen keine arbeits- oder strafrechtliche Abhandlung werden, sondern noch einmal mit einem weit verbreiteten Irrglauben aufräumen. Häufig ist wie bereits angesprochen zu beobachten, dass sich die Mitarbeitenden eines Bauunternehmens in dem Moment, in dem sie die Baustelle, das Büro, die Niederlassung etc. betreten, nicht mehr als auch nach außen eigenverantwortlich handelnde Person sehen, sondern sich gewissermaßen als Werkzeug des Unternehmens, der abstrakten GmbH etc. wahrnehmen im (falschen) Bewusstsein: Egal, was ich tue, es ist das Unternehmen, das handelt. Die Absprache mit dem Planer zulasten des gemeinsamen Auftraggebers, nicht dokumentierte Ansprüche aus gestörtem Bauablauf in einzelnen Positionen des Leistungsverzeichnisses oder Phantasiebezeichnungen wie „Erschwernisse" zu verstecken und dafür Mängel der Planungsunterlagen nicht zu thematisieren, ist nicht Handeln im Interesse des eigenen Unternehmens, sondern Betrug in Mittäterschaft zum Nachteil des Auftraggebers.

In diesem Sinne sind die folgenden Ausführungen also als Beto- **37**
nung der eigenen arbeits- und strafrechtlichen Verantwortlichkeit zu verstehen.

I. Die Ausgangspunkte: Allgemeine oder durch Compliance-Instrumente konkretisierte Verhaltenspflichten

Bestimmte Verhaltenspflichten des Arbeitnehmers gibt es auch ohne **38**
Compliance-Instrumente wie einen Code of Conduct oder Richtlinien. Solche Verhaltenspflichten bestehen sowohl in strafrechtlicher Hinsicht als auch unabhängig von der Verpflichtung des Arbeitnehmers, seine Arbeitsleistung zu erbringen; der Arbeitnehmer hat nämlich alles zu unterlassen, was den Arbeitgeber oder den Betrieb schädigt.[78] Insofern ist es beispielsweise in Betrugsfällen logischerweise nicht möglich als Rechtfertigung vorzutragen, dass es ja gar keinen Code of Conduct und/oder keine verbindlichen Richtlinien gibt. Allgemeine Verhaltenspflichten wie Sorgfalts-, Obhuts-, Fürsorge-, Aufklärung- und Anzeigepflichten[79] ergänzen in vielen Konstellationen die Pflicht zur Arbeitsleistung, während sie selbst wiederum durch verbindliche Compliance-Instrumente ergänzt und konkretisiert werden.

---

[78] MAH ArbR/Gragert/Keterndahl § 15 Rn. 1, 2 mit Verweis auf BAG Urt. v. 24.3.1981 – 1 ABR 32/78, AP BertVG 1972 § 87 Arbeitsicherheit Nr. 2.
[79] Diese nennt MAH ArbR/Gragert/Keterndahl § 15 Rn. 2.

II. Arbeitsrechtliche Konsequenzen compliancewidrigen Verhaltens

1. Abmahnung

39 Mit einer Abmahnung bringt der Arbeitgeber zum Ausdruck, dass er Leistungs- oder Verhaltensmängel beanstandet und macht zugleich deutlich, dass das Arbeitsverhältnis im Wiederholungsfall gefährdet ist.[80] Kurz zusammengefasst: Mit der Abmahnung wird gerügt, gewarnt und zugleich (der beanstandete Leistungs- oder Verhaltensmangel und die Abmahnung selbst) dokumentiert.[81] Für den Fall einer Wiederholung muss der Arbeitnehmer mit der Kündigung rechnen.

40 Grundsätzlich ist eine Abmahnung die notwendige Vorstufe einer verhaltensbedingten Kündigung. Nun sollte aber niemand denken, dass man deshalb im Compliance-Bereich sozusagen einen „Freischuss" hat und zum Beispiel bei einem Betrug zulasten des Auftraggebers nicht sofort gekündigt werden kann. Wie bei vielen Grundsätzen gibt es auch hier Ausnahmen: Wie das BAG wiederholt festgestellt hat, „bedarf es einer Abmahnung … nur dann nicht, wenn … es sich um eine so schwere Pflichtverletzung handelt, dass selbst deren erstmalige Hinnahme dem Arbeitgeber nach objektiven Maßstäben unzumutbar und damit offensichtlich – auch für den Arbeitnehmer erkennbar – ausgeschlossen ist …"[82]

41 Ein weiterer beispielhafter Orientierungssatz des BAG zu diesem Themenkomplex: „Die Manipulation von Akten durch den Arbeitnehmer zu dem Zweck, Pflichtverstöße zu verschleiern und eine korrekte Aufgabenerfüllung vorzutäuschen, kann auch ohne vorangegangene Abmahnung geeignet sein, die ordentliche Kündigung eines langjährigen Arbeitsverhältnisses sozial zu rechtfertigen."[83]

42 Die Unzumutbarkeit einer Abmahnung vor Kündigung ist insbesondere im Fall von Straftaten oder bei besonders schweren Vertragsverletzungen im Leistungs-, Betriebs- oder Vertrauensbereich zu bejahen.[84]

---

80 Vgl. BAG Urt. v. 18.1.1980 – 7 AZR 75/78, AP KSchG § 1 Verhaltensbedingte Kündigung Nr. 3.

81 Vgl. dazu im Einzelnen MAH ArbR/Eisenbeis § 18 Rn. 2ff.

82 So BAG Urt. v. 19.4.2012 – 2 AZR 156/11, NZA 2012, 1274 (1275).

83 BAG Urt. v. 23.1.2014 – 2 AZR 638/13, NZA 2014, 965.

84 Vgl. MAH ArbR/Eisenbeis § 18 Rn. 17 mwN.

2. *Ordentliche Kündigung*

Die nächste Sanktionsstufe ist die ordentliche, also fristgemäße Kündigung des Arbeitsverhältnisses. 43

§ 1 Abs. 1 und Abs. 2 Satz 1 KSCHG lauten wie folgt: 44

§ 1 Sozial ungerechtfertigte Kündigungen

(1) Die Kündigung des Arbeitsverhältnisses gegenüber einem Arbeitnehmer, dessen Arbeitsverhältnis in demselben Betrieb oder Unternehmen ohne Unterbrechung länger als sechs Monate bestanden hat, ist rechtsunwirksam, wenn sie sozial ungerechtfertigt ist.

(2) Sozial ungerechtfertigt ist die Kündigung, wenn sie nicht durch Gründe, die in der Person oder in dem Verhalten des Arbeitnehmers liegen, oder durchdringende betriebliche Erfordernisse, die einer Weiterbeschäftigung des Arbeitnehmers in diesem Betrieb entgegenstehen, bedingt ist.

Ob ein compliancewidriges Verhalten des Arbeitnehmers eine ordentliche fristgemäße oder außerordentliche fristlose Kündigung rechtfertigt, hängt von der Schwere des Verstoßes im Einzelfall ab. Bei der ordentlichen Kündigung müssen die verhaltensbedingten Gründe nicht so schwerwiegend sein, dass es für den Arbeitgeber unter Abwägung der beiderseitigen Interessen unzumutbar ist, den Arbeitsvertrag bis zum Ablauf der ordentlichen Kündigung fortzusetzen.[85] Das mag zunächst klar und einfach klingen; aufgrund der Vielzahl denkbarer Verhaltensweisen und der Notwendigkeit, die berechtigten Interessen beider Seiten zu berücksichtigen, kann es Abgrenzungskriterien nur auf einer relativ allgemeinen Ebene geben. 45

3. *Außerordentliche fristlose Kündigung aus wichtigem Grund*

Bei der Frage, ob ein wichtiger Grund für eine außerordentliche fristlose Kündigung vorliegt, sind unter anderem folgende Aspekte zu berücksichtigen[86]: 46

- es gibt keine absoluten, unbedingten wichtigen Gründe
- auch geringfügige Pflichtverletzungen können nicht von vornherein als wichtiger Grund ausgeschlossen werden
- strafbare Handlungen sind typische Sachverhalte, die a8n sich als wichtiger Grund geeignet sind
- wenn die Kündigung mit mehreren Pflichtverletzungen begründet wird, sind beide Varianten zu prüfen: Rechtfertigt jede einzelne Pflichtverletzung für sich die außerordentliche Kündigung? Aber

---

[85] MAH ArbR/C. Ulrich/A. Ulrich § 43 Rn. 314.

[86] Systematisierung nach MAH ArbR/Reinartz § 44 Rn. 9 ff., jeweils mwN.

auch: Können die Kündigungen die außerordentliche Kündigung in ihrer Gesamtheit rechtfertigen?

47 Nach der Rechtsprechung des BAG ist „die Annahme von Schmiergeldern … – in der Regel auch ohne vergebliche Abmahnung – an sich geeignet, eine außerordentliche Kündigung zu begründen.“ [87]

48 Dabei wird deutlich, dass jedes compliancewidrige Verhalten unberechenbare Folgen für das Arbeitsverhältnis haben kann. Die Frage, ob das konkrete Verhalten im Falle seiner Aufdeckung eine Abmahnung, eine ordentliche oder eine außerordentliche Kündigung nach sich zieht, kann vom Täter also nicht im Vorfeld der Tat in die Beurteilung des Risikos seiner Handlungsweise einbezogen werden.

49 Einen weiteren interessanten und praxisrelevanten Aspekt enthält das Urteil des BAG vom 21.6.2012[88]. Liegen im Unternehmen Richtlinien vor und hat der Arbeitnehmer dagegen verstoßen, scheitert eine außerordentliche Kündigung trotzdem dann, wenn der Arbeitgeber das gegen interne Korruptionsrichtlinien verstoßende Verhalten faktisch gebilligt hat.

III. Strafrechtliche Konsequenzen compliancewidrigen Verhaltens

50 Der Blick ins Gesetz erleichtert nicht nur die Rechtsfindung, sondern führt auch vor Augen, welche empfindlichen Strafen ein compliancewidriges Verhalten nach sich ziehen kann:

§ 263
Betrug

(1) Wer in der Absicht, sich oder einem Dritten einen rechtswidrigen Vermögensvorteil zu verschaffen, das Vermögen eines anderen dadurch beschädigt, daß er durch Vorspiegelung falscher oder durch Entstellung oder Unterdrückung wahrer Tatsachen einen Irrtum erregt oder unterhält, wird mit Freiheitsstrafe bis zu fünf Jahren oder mit Geldstrafe bestraft.

(2) Der Versuch ist strafbar.

(3) In besonders schweren Fällen ist die Strafe Freiheitsstrafe von sechs Monaten bis zu zehn Jahren. Ein besonders schwerer Fall liegt in der Regel vor, wenn der Täter

---

[87] BAG Urt. v. 21.6.2001 – 2 AZR 30/00; vgl. auch BAG, Urt. v. 15.11.1995 2 AZR 974/94 ebenfalls zur Annahme von Schmiergeldern.

[88] 2 AZR 694/11, NZA 2013, 199 (201); darauf weist BeckOK BGB/Horcher § 626 Rn. 36 hin.

> 1. *gewerbsmäßig oder als Mitglied einer Bande handelt, die sich zur fortgesetzten Begehung von Urkundenfälschung oder Betrug verbunden hat,*
> 2. *einen Vermögensverlust großen Ausmaßes herbeiführt oder in der Absicht handelt, durch die fortgesetzte Begehung von Betrug eine große Zahl von Menschen in die Gefahr des Verlustes von Vermögenswerten zu bringen,*
> 3. *eine andere Person in wirtschaftliche Not bringt,*
> 4. *seine Befugnisse oder seine Stellung als Amtsträger oder Europäischer Amtsträger mißbraucht oder*
> 5. *…*

Sehen wir uns den Fall einer bewusst falschen Abrechnung des Nachunternehmers gegenüber seinem Auftraggeber näher an, zum Beispiel durch Vorlage falscher Aufmaße oder durch Aufnahme von jeder Grundlage entbehrenden Phantasiepositionen. Hierdurch werden zunächst falsche Tatsachen vorgespiegelt. Auf Seiten des Auftraggebers wird ein Irrtum erregt – er geht davon aus, dass die Abrechnung korrekt und ist und die Leistungen wie abgerechnet erbracht wurden. **51**

Die Merkmale der Beschädigung des Vermögens eines anderen (des Auftraggebers) und die Absicht, einem Dritten (dem Arbeitgeber) einen rechtswidrigen Vermögensvorteil zu verschaffen, dürften im Beispiel zu bejahen sein. **52**

So schnell geht das. Da geht man davon aus, dass es sich bei einem solchen Verhalten um ein „Kavaliersdelikt“ handelt, und schon redet man über Freiheitsstrafe bis zu fünf Jahren oder Geldstrafe. **53**

Davon abgesehen, völlig unjuristisch und nur ergänzend: Wie armselig ist es, wirtschaftlichen Erfolg nicht durch kompetente Arbeit zu erzielen, sondern zu versuchen, ihn mit kriminellen Methoden zu erreichen? **54**

§ 299

Bestechlichkeit und Bestechung im geschäftlichen Verkehr

(1) Mit Freiheitsstrafe bis zu drei Jahren oder Geldstrafe wird bestraft, wer im geschäftlichen Verkehr als Angestellter oder Beauftragter eines Unternehmens

1. *einen Vorteil für sich oder einen Dritten als Gegenleistung dafür fordert, sich versprechen lässt oder annimmt, dass er bei dem Bezug von Waren oder Dienstleistungen einen anderen im inländischen oder ausländischen Wettbewerb in unlauterer Weise bevorzuge, oder*
2. *ohne Einwilligung des Unternehmens einen Vorteil für sich oder einen Dritten als Gegenleistung dafür fordert, sich versprechen lässt oder annimmt, dass er bei dem Bezug von Waren oder Dienstleistungen eine Handlung vornehme oder unterlasse und dadurch seine Pflichten gegenüber dem Unternehmen verletze.*

(2) Ebenso wird bestraft, wer im geschäftlichen Verkehr einem Angestellten oder Beauftragten eines Unternehmens

1. *einen Vorteil für diesen oder einen Dritten als Gegenleistung dafür anbietet, verspricht oder gewährt, dass er bei dem Bezug von Waren oder Dienstleistungen ihn oder einen anderen im inländischen oder ausländischen Wettbewerb in unlauterer Weise bevorzuge, oder*
2. *ohne Einwilligung des Unternehmens einen Vorteil für diesen oder einen Dritten als Gegenleistung dafür anbietet, verspricht oder gewährt, dass er bei dem Bezug von Waren oder Dienstleistungen eine Handlung vornehme oder unterlasse und dadurch seine Pflichten gegenüber dem Unternehmen verletze.*

55 Hier wird das oben in → Kapitel 3 Rn. 16ff. angesprochene Prinzip des „Gebens und Nehmens" deutlich. Strafbar ist es sowohl, für „sich oder einen Dritten" einen solchen Vorteil als Gegenleistung zu fordern, als auch seine Annahme. Wir erinnern uns an das Beispiel des Nachunternehmers. der zur Vermeidung einer Insolvenz unbedingt auf den Erhalt neuer Aufträge angewiesen ist.

§ 331
Vorteilsannahme

(1) Ein Amtsträger, ein Europäischer Amtsträger oder ein für den öffentlichen Dienst besonders Verpflichteter, der für die Dienstausübung einen Vorteil für sich oder einen Dritten fordert, sich versprechen läßt oder annimmt, wird mit Freiheitsstrafe bis zu drei Jahren oder mit Geldstrafe bestraft.

56 Im öffentlichen Bereich sind die Sanktionen für compliancewidriges Verhalten verschärft und konkretisiert, was nicht nur für den Bereich der Vorteilsnahme gilt.

57 Je nach Konstellation kann im Einzelfall auch der Tatbestand der Unterschlagung in Betracht kommen:

§ 246
Unterschlagung

(1) Wer eine fremde bewegliche Sache sich oder einem Dritten rechtswidrig zueignet, wird mit Freiheitsstrafe bis zu drei Jahren oder mit Geldstrafe bestraft, wenn die Tat nicht in anderen Vorschriften mit schwererer Strafe bedroht ist.

(2) Ist in den Fällen des Absatzes 1 die Sache dem Täter anvertraut, so ist die Strafe Freiheitsstrafe bis zu fünf Jahren oder Geldstrafe.

(3) Der Versuch ist strafbar.

58 Die Abgrenzung des Tatbestands der Unterschlagung zu dem des Diebstahls ist relativ einfach: Bei einem Diebstahl wird die Sache einer anderen Person weggenommen. Dabei bedeutet „wegnehmen" den Bruch fremden und die Begründung neuen Gewahrsams. Gewahrsam ist nicht gleichbedeutend mit Eigentum: Der Dieb hat die Sache im Gewahrsam, aber sie gehört ihm nicht.

Im Gegensatz dazu ist die Wegnahme bei der Unterschlagung nicht notwendig, da sich die Sache schon im Gewahrsam des Täters befindet. 59

Obige Ausführungen machen überdeutlich, dass es in all diesen und ähnlichen Fällen eben nicht möglich ist, sich hinter seinem Arbeitgeber oder seinem Unternehmen „zu verstecken". Die eigene Verantwortlichkeit für eigenes Tun endet nicht an der Eingangstür zum Bürogebäude oder beim Betreten der Baustelle. 60

I. Die Folgen für das Unternehmen und seine Vertreter

Wir haben uns bereits mehrfach vor Augen geführt, dass die persönliche Verantwortung des Täters nicht vor den Toren des Unternehmens oder der Baustelle endet. Das bedeutet aber nicht, dass das Unternehmen und seine insbesondere gesetzlichen Vertreter keine Konsequenzen compliancewidrigen Verhaltens treffen. Tatsächlich gibt es eine Vielzahl von Normen mit teils gravierenden Sanktionen, die dabei eine Rolle spielen und im Extremfall existenzbedrohend sein können. 61

§ 30 OWiG regelt den Erlass einer Geldbuße gegen das Unternehmen in Höhe von bis zehn Millionen Euro (bei vorsätzlicher Straftat) bzw. fünf Millionen Euro (bei fahrlässiger Straftat). Im Falle der Begehung einer Ordnungswidrigkeit orientiert sich die Höhe der Geldbuße an der Höhe der Geldbuße nach dem für die Ordnungswidrigkeit angedrohten Höchstmaß der Geldbuße, § 30 Abs. 2 Satz 2 OWiG, aber Achtung: Wird im Gesetz ausdrücklich auf § 30 OWiG verwiesen, **verzehnfacht** sich das Höchstmaß der Geldbuße, § 30 Abs. 2 Satz 3 OWiG. 62

Erfasster Personenkreis des § 30 OWiG sind insbesondere die vertretungsberechtigten Organe, Mitglieder des Vorstands, Generalbevollmächtigte und weitere für die Leitung des Unternehmens oder Betriebs verantwortlich handelnde Personen. Sie sind es also, deren compliancewidriges Verhalten hier sanktioniert wird. Das Unternehmen haftet also für seine Vertreter. Aber, in unserem Zusammenhang besonders wichtig: Die Beteiligung der Repräsentanten kann auch darin liegen, dass sie Straftaten oder Ordnungswidrigkeiten anderer Beteiligter nicht verhindern![89] 63

---

[89] Vgl. Krenberger/Krumm OWiG § 30 Rn. 8.

64 In unserem Zusammenhang noch einschlägiger dürfte aber die Regelung des § 130 OWiG sein. Dabei nämlich geht es um das vorsätzliche oder fahrlässige Unterlassen von Aufsichtsmaßnahmen des Inhabers eines Betriebs oder Unternehmens, wobei hierzu gemäß § 130 Abs. 2 OWiG auch öffentliche Unternehmen gehören. Dabei haftet also nicht das Unternehmen, sondern der Inhaber persönlich. Das Höchstmaß möglicher Geldbußen ist eine Million Euro bei vorsätzlicher und 500.000 Euro bei fahrlässiger Begehung einer Straftat, § 130 Abs. 3 OWiG.

65 Der Begriff der „Aufsichtspflichtverletzung" ist in § 130 OWiG zwar nicht näher definiert; der Begriff wird aber sehr weit verstanden. Eine Aufsichtspflichtverletzung kann nämlich nicht nur aus Spezialnormen hergeleitet werden, sondern auch aus Gerichtsentscheidungen sowie sogar aus dem allgemeinen Grundsatz, dass bestimmte Lebensverhältnisse die Verantwortung für das Verhalten anderer Personen begründen.[90]

66 Spezialnormen in diesem Sinne können für Aktiengesellschaften auch die §§ 91, 93 AktG sein, die die Pflicht zu Aufsichtsmaßnahmen im Sinne eines „effektiven Frühwarnsystems" begründen.[91]

67 Hinzu kommt, dass nicht nur der Inhaber des Unternehmens selbst, sondern auch weitere Personen Täter sein können, nämlich dann, wenn Aufsichtspflichten vom Inhaber delegiert werden, zum Beispiel auf einen Betriebsleiter oder auf Sicherheitsbeauftragte.[92]

68 Insgesamt wird einerseits die Einzelfallabhängigkeit der Beurteilung des jeweiligen Verhaltens deutlich, andererseits aber auch die Unkalkulierbarkeit der Folgen compliancewidrigen Verhaltens für die handelnden Personen, und zwar sowohl für die Täter selbst als auch für die Aufsichtspflichtigen. So kann sich also ein vom Täter möglicher- und fälschlicherweise als „nicht so schlimm" eingestuftes Verhalten rasch zu einer mehrstufigen Kausalkette mit unbeherrschbaren Folgen entwickeln, für ihn selbst, für den Inhaber, für das Unternehmen. Dies und die beeindruckende Höhe der Geldbußen sollte Anreiz genug sein, sich compliancegemäß zu verhalten.[93]

---

[90] Dazu Krenberger/Krumm OWiG § 130 Rn. 17 ff. mwN.

[91] So Greve, NZBau 2010, 215 (216).

[92] Näher auch zu den rechtlichen Voraussetzungen Krenberger/Krumm OWiG § 130 Rn. 12.

[93] Zu weiteren bauspezifischen Haftungsrisiken vgl. die instruktive Auflistung bei Greeve, NZBau 2010, 216 ff.

J. Die Organisation des Nachunternehmermanagements unter Compliance-Gesichtspunkten

Natürlich unterscheidet jedes Unternehmen selbst, wie es das Nachunternehmermanagement einschließlich des Nachunternehmer"einkaufs" organisiert. Hier spielen neben der Größe des Unternehmens Aspekte wie die Häufigkeit des Nachunternehmereinsatzes, die Größe der Projekte und das jeweilige Gewerk selbst eine Rolle. Insofern sind Verallgemeinerungen und für alle Fälle passende Tipps zur Organisation schwierig. **69**

Unter Compliance-Gesichtspunkten jedoch sind einige Organisationsstrukturen erfahrungsgemäß durchaus hilfreich. Auch in diesem Zusammenhang ist zu betonen, dass es nicht um ein generalisiertes Misstrauen gegenüber einzelnen Funktionsträgern geht; die Beachtung der nachfolgenden 6 Hinweise verbessert die Effektivität des Nachunternehmermanagements nämlich auch außerhalb der Compliance. **70**

(1) Die Auftragsvergabe sollte möglichst unter Beachtung eines klaren, vorher definierten Katalogs objektiver Kriterien (vgl. bereits → Kapitel 2 Rn. 57 ff.) erfolgen, nicht aufgrund von Bekanntschaften, Freundschaften, diffusen Erfahrungen aus einer lange zurückliegenden Vergangenheit, der Bewertung des Nachunternehmers als „einfach" etc.

(2) Die Auftragsvergabe sollte im Wege des „Mehraugenprinzips" erfolgen, nicht durch eine Person alleine, insbesondere nicht ausschließlich durch den Projekt- oder Bauleiter.

(3) Die Auftragsvergabe sollte getrennt von der Projekt- bzw. Bauleitung durch eine andere Abteilung erfolgen, um die Einhaltung der objektiven Kriterien zu gewährleisten.

(4) Die Organisation der Auftragsvergabe sollte hinsichtlich des beteiligten Personenkreises und des verbindlich zu beachtenden Ablaufplans definiert sein.

Selbstverständlich sollte das Partnermanagement, der Nachunternehmereinkauf oder welche Abteilung mit welcher Bezeichnung auch immer für die Auftragsvergabe verantwortlich ist, die möglicher- und idealerweise vorhandenen Erfahrungen der Projekt- und Bauleiter mit dem in Betracht kommenden Nachunternehmer berücksichtigen. Denn wer kennt ihn denn am besten, wer hat denn die Erfahrungen mit ihm unmittelbar im Projekt gemacht, wer hat seine Termintreue, die Qualität seiner Arbeit, sein Kommunikationsverhalten insbeson- **71** dere in Stresssituationen unmittelbar kennengelernt? Die Bau- und Projektleiter!

(5) Im Vertrag sollten sowohl ein Zustimmungserfordernis zum Einsatz weiterer Nachunternehmer als auch die Verpflichtung zur Weitergabe von vertraglichen Pflichten, beispielsweise zur Vorlage von Nachweisunterlagen zum Thema Bürgenhaftung aufgenommen werden.[94]

(6) Auch die Rechnungsprüfung sollte nach dem Mehraugenprinzip und differenziert nach technischer und kaufmännischer Prüfung erfolgen. Die grundsätzliche Beurteilung von beispielsweise Aufmaßen, gestörten Bauabläufen, Erschwernissen, Bauzeitverlängerungen etc. wird auch dabei im ersten Schritt durch die Bau- oder Projektleitung erfolgen.

72 Danach sollte, wenn möglich, eine Mehrstufenprüfung erfolgen.

73 Die Rechnungsprüfung auf dieser Basis durch die Buchhaltung und die sich anschließende finale Freigabe der Rechnung wird sinnvollerweise durch eine andere Instanz durchgeführt, zum Beispiel den Niederlassungsleiter oder den technischen Leiter, dem das „Gesamtpaket" aus bestätigten Aufmaßen, Rechnung und buchhalterischer Freigabe vorzulegen ist.

74 All dies gilt sowohl für Abschlags- wie auch für Schlussrechnungen.

75 Dieses Prozedere wird gerade bei geringfügigen Rechnungen auch in großen Unternehmen sicherlich an Kapazitätsgrenzen stoßen; sinnvoll ist es dennoch. Hier muss abgewogen und entschieden werden, für welche Rechnungen nach Vertragsarten (Einheitspreis, pauschal, Stundenlohn) und nach Rechnungshöhe und -häufigkeit welche Vorgehensweise gewählt wird.

---

[94] Darauf weist Greeve, NZBau 2010, 215 (218) hin.

Anhang – Weitere für das Nachunternehmerverhältnis wichtige Normen in Auszügen

A. Vergütung grundsätzlich

I. BGB

§ 632
Vergütung

(1) Eine Vergütung gilt als stillschweigend vereinbart, wenn die Herstellung des Werkes den Umständen nach nur gegen eine Vergütung zu erwarten ist.

(2) Ist die Höhe der Vergütung nicht bestimmt, so ist bei dem Bestehen einer Taxe die taxmäßige Vergütung, in Ermangelung einer Taxe die übliche Vergütung als vereinbart anzusehen.

(3) Ein Kostenanschlag ist im Zweifel nicht zu vergüten

§ 632a
Abschlagszahlungen

(1) Der Unternehmer kann von dem Besteller eine Abschlagszahlung in Höhe des Wertes der von ihm erbrachten und nach dem Vertrag geschuldeten Leistungen verlangen. Sind die erbrachten Leistungen nicht vertragsgemäß, kann der Besteller die Zahlung eines angemessenen Teils des Abschlags verweigern. Die Beweislast für die vertragsgemäße Leistung verbleibt bis zur Abnahme beim Unternehmer. § 641 Abs. 3 gilt entsprechend. Die Leistungen sind durch eine Aufstellung nachzuweisen, die eine rasche und sichere Beurteilung der Leistungen ermöglichen muss. Die Sätze 1 bis 5 gelten auch für erforderliche Stoffe oder Bauteile, die angeliefert oder eigens angefertigt und bereitgestellt sind, wenn dem Besteller nach seiner Wahl Eigentum an den Stoffen oder Bauteilen übertragen oder entsprechende Sicherheit hierfür geleistet wird.

II. VOB/B

§ 2
Vergütung

(1) Durch die vereinbarten Preise werden alle Leistungen abgegolten, die nach der Leistungsbeschreibung, den Besonderen Vertragsbedingungen, den Zusätzlichen Vertragsbedingungen, den Zusätzlichen Technischen Vertragsbedingungen, den Allgemeinen Technischen Vertragsbedingungen für Bauleistungen und der gewerblichen Verkehrssitte zur vertraglichen Leistung gehören.

(2) Die Vergütung wird nach den vertraglichen Einheitspreisen und den tatsächlich ausgeführten Leistungen berechnet, wenn keine andere Berechnungsart (zB durch Pauschalsumme, nach Stundenlohnsätzen, nach Selbstkosten) vereinbart ist.

(3) 1. Weicht die ausgeführte Menge der unter einem Einheitspreis erfassten Leistung oder Teilleistung um nicht mehr als 10 v. H. von dem im Vertrag vorgesehenen Umfang ab, so gilt der vertragliche Einheitspreis.

2. Für die über 10 v. H. hinausgehende Überschreitung des Mengenansatzes ist auf Verlangen ein neuer Preis unter Berücksichtigung der Mehr- oder Minderkosten zu vereinbaren.

3. Bei einer über 10 v. H. hinausgehenden Unterschreitung des Mengenansatzes ist auf Verlangen der Einheitspreis für die tatsächlich ausgeführte Menge der Leistung oder Teilleistung zu erhöhen, soweit der Auftragnehmer nicht durch Erhöhung der Mengen bei anderen Ordnungszahlen (Positionen) oder in anderer Weise einen Ausgleich erhält. Die Erhöhung des Einheitspreises soll im Wesentlichen dem Mehrbetrag entsprechen, der sich durch Verteilung der Baustelleneinrichtungs- und Baustellengemeinkosten und der Allgemeinen Geschäftskosten auf die verringerte Menge ergibt. Die Umsatzsteuer wird entsprechend dem neuen Preis vergütet.

4. Sind von der unter einem Einheitspreis erfassten Leistung oder Teilleistung andere Leistungen abhängig, für die eine Pauschalsumme vereinbart ist, so kann mit der Änderung des Einheitspreises auch eine angemessene Änderung der Pauschalsumme gefordert werden.

(7) 1. Ist als Vergütung der Leistung eine Pauschalsumme vereinbart, so bleibt die Vergütung unverändert. Weicht jedoch die ausgeführte Leistung von der vertraglich vorgesehenen Leistung so erheblich ab, dass ein Festhalten an der Pauschalsumme nicht zumutbar ist (§ 313 BGB), so ist auf Verlangen ein Ausgleich unter Berücksichtigung der Mehr- oder Minderkosten zu gewähren. Für die Bemessung des Ausgleichs ist von den Grundlagen der Preisermittlung auszugehen.

2. Die Regelungen der Absatz 4, 5 und 6 gelten auch bei Vereinbarung einer Pauschalsumme.

3. Wenn nichts anderes vereinbart ist, gelten die Nummern 1 und 2 auch für Pauschalsummen, die für Teile der Leistung vereinbart sind; Absatz 3 Nummer 4 bleibt unberührt.

(8) 1. Leistungen, die der Auftragnehmer ohne Auftrag oder unter eigenmächtiger Abweichung vom Auftrag ausführt, werden nicht vergütet. Der Auftragnehmer hat sie auf Verlangen innerhalb einer angemessenen Frist zu beseitigen; sonst kann es auf seine Kosten geschehen. Er haftet außerdem für andere Schäden, die dem Auftraggeber hieraus entstehen.

2. Eine Vergütung steht dem Auftragnehmer jedoch zu, wenn der Auftraggeber solche Leistungen nachträglich anerkennt. Eine Vergütung steht ihm auch zu, wenn die Leistungen für die Erfüllung des Vertrags notwendig waren, dem mutmaßlichen Willen des Auftraggebers entsprachen und ihm unverzüglich angezeigt wurden. Soweit dem Auftragnehmer eine Vergütung zusteht, gelten die Berechnungsgrundlagen für geänderte oder zusätzliche Leistungen der Absätze 5 oder 6 entsprechend.

§ 14
Abrechnung

(1) Der Auftragnehmer hat seine Leistungen prüfbar abzurechnen. Er hat die Rechnungen übersichtlich aufzustellen und dabei die Reihenfolge der Posten einzuhalten und die in den Vertragsbestandteilen enthaltenen Bezeichnungen zu verwenden. Die zum Nachweis von Art und Umfang der Leistung erforderlichen Mengenberechnungen, Zeichnungen und andere Belege sind beizufügen. Änderungen und Ergänzungen des Vertrags sind in der Rechnung besonders kenntlich zu machen; sie sind auf Verlangen getrennt abzurechnen.

(2) Die für die Abrechnung notwendigen Feststellungen sind dem Fortgang der Leistung entsprechend möglichst gemeinsam vorzunehmen. Die Abrechnungsbestimmungen in den Technischen Vertragsbedingungen und den anderen Vertragsunterlagen sind zu beachten. Für Leistungen, die bei Weiterführung der Arbeiten nur schwer feststellbar sind, hat der Auftragnehmer rechtzeitig gemeinsame Feststellungen zu beantragen.

(3) Die Schlussrechnung muss bei Leistungen mit einer vertraglichen Ausführungsfrist von höchstens 3 Monaten spätestens 12 Werktage nach Fertigstellung eingereicht werden, wenn nichts anderes vereinbart ist; diese Frist wird um je 6 Werktage für je weitere 3 Monate Ausführungsfrist verlängert.

(4) Reicht der Auftragnehmer eine prüfbare Rechnung nicht ein, obwohl ihm der Auftraggeber dafür eine angemessene Frist gesetzt hat, so kann sie der Auftraggeber selbst auf Kosten des Auftragnehmers aufstellen.

§15
Stundenlohnarbeiten

(1) 1. Stundenlohnarbeiten werden nach den vertraglichen Vereinbarungen abgerechnet.

2. Soweit für die Vergütung keine Vereinbarungen getroffen worden sind, gilt die ortsübliche Vergütung. Ist diese nicht zu ermitteln, so werden die Aufwendungen des Auftragnehmers für Lohn- und Gehaltskosten der Baustelle, Lohn- und Gehaltsnebenkosten der Baustelle, Stoffkosten der Baustelle, Kosten der Einrichtungen, Geräte, Maschinen und maschinellen Anlagen der Baustelle, Fracht-, Fuhr- und Ladekosten, Sozialkassenbeiträge und Sonderkosten, die bei wirtschaftlicher Betriebsführung entstehen, mit angemessenen Zuschlägen für Gemeinkosten und Gewinn (einschließlich allgemeinem Unternehmerwagnis) zuzüglich Umsatzsteuer vergütet.

§16
Zahlung

(1) 1. Abschlagszahlungen sind auf Antrag in möglichst kurzen Zeitabständen oder zu den vereinbarten Zeitpunkten zu gewähren, und zwar in Höhe des Wertes der jeweils nachgewiesenen vertragsgemäßen Leistungen einschließlich des ausgewiesenen, darauf entfallenden Umsatzsteuerbetrages. Die Leistungen sind durch eine prüfbare Aufstellung nachzuweisen, die eine rasche und sichere Beurteilung der Leistungen ermöglichen muss. Als Leistungen gelten hierbei auch die für die geforderte Leistung eigens angefertigten und bereitgestellten Bauteile sowie die auf der Baustelle angelieferten Stoffe und Bauteile, wenn dem Auftraggeber nach seiner Wahl das Eigentum an ihnen übertragen ist oder entsprechende Sicherheit gegeben wird.

2. Gegenforderungen können einbehalten werden. Andere Einbehalte sind nur in den im Vertrag und in den gesetzlichen Bestimmungen vorgesehenen Fällen zulässig.

3. Ansprüche auf Abschlagszahlungen werden binnen 21 Tagen nach Zugang der Aufstellung fällig.

4. Die Abschlagszahlungen sind ohne Einfluss auf die Haftung des Auftragnehmers; sie gelten nicht als Abnahme von Teilen der Leistung.

(2) 1. Vorauszahlungen können auch nach Vertragsabschluss vereinbart werden; hierfür ist auf Verlangen des Auftraggebers ausreichende Sicherheit zu leisten. Diese Vorauszahlungen sind, sofern nichts anderes vereinbart wird, mit 3 v.H. über dem Basiszinssatz des § 247 BGB zu verzinsen.

2. Vorauszahlungen sind auf die nächstfälligen Zahlungen anzurechnen, soweit damit Leistungen abzugelten sind, für welche die Vorauszahlungen gewährt worden sind.

(3) 1. Der Anspruch auf Schlusszahlung wird alsbald nach Prüfung und Feststellung fällig, spätestens innerhalb von 30 Tagen nach Zugang der Schlussrechnung. Die Frist verlängert sich auf höchstens 60 Tage, wenn sie aufgrund der besonderen Natur oder Merkmale der Vereinbarung sachlich gerechtfertigt ist und ausdrücklich vereinbart wurde. Werden Einwendungen gegen die Prüfbarkeit unter Angabe der Gründe nicht bis zum Ablauf der jeweiligen Frist erhoben, kann der Auftraggeber sich nicht mehr auf die fehlende Prüfbarkeit berufen. Die Prüfung der Schlussrechnung ist nach Möglichkeit zu beschleunigen. Verzögert sie sich, so ist das unbestrittene Guthaben als Abschlagszahlung sofort zu zahlen.

(5) 1. Alle Zahlungen sind aufs Äußerste zu beschleunigen.

2. Nicht vereinbarte Skontoabzüge sind unzulässig.

3. Zahlt der Auftraggeber bei Fälligkeit nicht, so kann ihm der Auftragnehmer eine angemessene Nachfrist setzen. Zahlt er auch innerhalb der Nachfrist nicht, so hat der Auftragnehmer vom Ende der Nachfrist an Anspruch auf Zinsen in Höhe der in § 288 Absatz 2 BGB angegebenen Zinssätze, wenn er nicht einen höheren Verzugsschaden nachweist. Der Auftraggeber kommt jedoch, ohne dass es einer Nachfristsetzung bedarf, spätestens 30 Tage nach Zugang der Rechnung oder der Aufstellung bei Abschlagszahlungen in Zahlungsverzug, wenn der Auftragnehmer seine vertraglichen und gesetzlichen Verpflichtungen erfüllt und den fälligen Entgeltbetrag nicht rechtzeitig erhalten hat, es sei denn, der Auftraggeber ist für den Zahlungsverzug nicht verantwortlich. Die Frist verlängert sich auf höchstens 60 Tage, wenn sie aufgrund der besonderen Natur oder Merkmale der Vereinbarung sachlich gerechtfertigt ist und ausdrücklich vereinbart wurde.

4. Der Auftragnehmer darf die Arbeiten bei Zahlungsverzug bis zur Zahlung einstellen, sofern eine dem Auftraggeber zuvor gesetzte angemessene Frist erfolglos verstrichen ist.

B. Die notwendige Flexibilität des Auftraggebers mit Vergütungsfolgen für den Nachunternehmer

I. BGB

§ 650b
Änderung des Vertrags; Anordnungsrecht des Bestellers

(1) Begehrt der Besteller

1. *eine Änderung des vereinbarten Werkerfolgs (§ 631 Absatz 2) oder*
2. *eine Änderung, die zur Erreichung des vereinbarten Werkerfolgs notwendig ist,*

streben die Vertragsparteien Einvernehmen über die Änderung und die infolge der Änderung zu leistende Mehr- oder Mindervergütung an. Der Unternehmer ist verpflichtet, ein Angebot über die Mehr- oder Mindervergütung zu erstellen, im Falle einer Änderung nach Satz 1 Nummer 1 jedoch nur, wenn ihm die Ausführung der Änderung zumutbar ist. Macht der Unternehmer betriebsinterne Vorgänge für die Unzumutbarkeit einer Anordnung nach Absatz 1 Satz 1 Nummer 1 geltend, trifft ihn die Beweislast hierfür. Trägt der Besteller die Verantwortung für die Planung des Bauwerks oder der Außenanlage, ist der Unternehmer nur dann zur Erstellung eines Angebots über die Mehr- oder Mindervergütung verpflichtet, wenn der Besteller die für die Änderung erforderliche Planung vorgenommen und dem Unternehmer zur Verfügung gestellt hat. Begehrt der Besteller eine Änderung, für die dem Unternehmer nach § 650c Absatz 1 Satz 2 kein Anspruch auf Vergütung für vermehrten Aufwand zusteht, streben die Parteien nur Einvernehmen über die Änderung an; Satz 2 findet in diesem Fall keine Anwendung.

(2) Erzielen die Parteien binnen 30 Tagen nach Zugang des Änderungsbegehrens beim Unternehmer keine Einigung nach Absatz 1, kann der Besteller die Änderung in Textform anordnen. Der Unternehmer ist verpflichtet, der Anordnung des Bestellers nachzukommen, einer Anordnung nach Absatz 1 Satz 1 Nummer 1 jedoch nur, wenn ihm die Ausführung zumutbar ist.

3. *Absatz 1 Satz 3 gilt entsprechend.*

§ 650c
Vergütungsanpassung bei Anordnungen nach § 650b Absatz 2

(1) Die Höhe des Vergütungsanspruchs für den infolge einer Anordnung des Bestellers nach § 650b Absatz 2 vermehrten oder verminderten Aufwand ist nach den tatsächlich erforderlichen Kosten mit angemessenen Zuschlägen für

allgemeine Geschäftskosten, Wagnis und Gewinn zu ermitteln. Umfasst die Leistungspflicht des Unternehmers auch die Planung des Bauwerks oder der Außenanlage, steht diesem im Fall des § 650b Absatz 1 Satz 1 Nummer 2 kein Anspruch auf Vergütung für vermehrten Aufwand zu.

(2) Der Unternehmer kann zur Berechnung der Vergütung für den Nachtrag auf die Ansätze in einer vereinbarungsgemäß hinterlegten Urkalkulation zurückgreifen. Es wird vermutet, dass die auf Basis der Urkalkulation fortgeschriebene Vergütung der Vergütung nach Absatz 1 entspricht.

(3) Bei der Berechnung von vereinbarten oder gemäß § 632a geschuldeten Abschlagszahlungen kann der Unternehmer 80 Prozent einer in einem Angebot nach § 650b Absatz 1 Satz 2 genannten Mehrvergütung ansetzen, wenn sich die Parteien nicht über die Höhe geeinigt haben oder keine anderslautende gerichtliche Entscheidung ergeht. Wählt der Unternehmer diesen Weg und ergeht keine anderslautende gerichtliche Entscheidung, wird die nach den Absätzen 1 und 2 geschuldete Mehrvergütung erst nach der Abnahme des Werks fällig. Zahlungen nach Satz 1, die die nach den Absätzen 1 und 2 geschuldete Mehrvergütung übersteigen, sind dem Besteller zurückzugewähren und ab ihrem Eingang beim Unternehmer zu verzinsen. § 288 Absatz 1 Satz 2, Absatz 2 und § 289 Satz 1 gelten entsprechend.

II. VOB/B

§ 1
Art und Umfang der Leistung

(3) Änderungen des Bauentwurfs anzuordnen, bleibt dem Auftraggeber vorbehalten.

(4) Nicht vereinbarte Leistungen, die zur Ausführung der vertraglichen Leistung erforderlich werden, hat der Auftragnehmer auf Verlangen des Auftraggebers mit auszuführen, außer wenn sein Betrieb auf derartige Leistungen nicht eingerichtet ist. Andere Leistungen können dem Auftragnehmer nur mit seiner Zustimmung übertragen werden.

§ 2
Vergütung

(5) Werden durch Änderung des Bauentwurfs oder andere Anordnungen des Auftraggebers die Grundlagen des Preises für eine im Vertrag vorgesehene Leistung geändert, so ist ein neuer Preis unter Berücksichtigung der Mehr- oder Minderkosten zu vereinbaren. Die Vereinbarung soll vor der Ausführung getroffen werden.

(6) 1. Wird eine im Vertrag nicht vorgesehene Leistung gefordert, so hat der Auftragnehmer Anspruch auf besondere Vergütung. Er muss jedoch den Anspruch dem Auftraggeber ankündigen, bevor er mit der Ausführung der Leistung beginnt.

2. Die Vergütung bestimmt sich nach den Grundlagen der Preisermittlung für die vertragliche Leistung und den besonderen Kosten der geforderten Leistung. Sie ist möglichst vor Beginn der Ausführung zu vereinbaren.

C. Hinweispflichten des Nachunternehmers und ihre Folgen

VOB/B

§ 3
Ausführungsunterlagen

(3) Die vom Auftraggeber zur Verfügung gestellten Geländeaufnahmen und Absteckungen und die übrigen für die Ausführung übergebenen Unterlagen sind für den Auftragnehmer maßgebend. Jedoch hat er sie, soweit es zur ordnungsgemäßen Vertragserfüllung gehört, auf etwaige Unstimmigkeiten zu überprüfen und den Auftraggeber auf entdeckte oder vermutete Mängel hinzuweisen.

§ 4
Ausführung

(1) 4. Hält der Auftragnehmer die Anordnungen des Auftraggebers für unberechtigt oder unzweckmäßig, so hat er seine Bedenken geltend zu machen, die Anordnungen jedoch auf Verlangen auszuführen, wenn nicht gesetzliche oder behördliche Bestimmungen entgegenstehen. Wenn dadurch eine ungerechtfertigte Erschwerung verursacht wird, hat der Auftraggeber die Mehrkosten zu tragen.

(3) Hat der Auftragnehmer Bedenken gegen die vorgesehene Art der Ausführung (auch wegen der Sicherung gegen Unfallgefahren), gegen die Güte der vom Auftraggeber gelieferten Stoffe oder Bauteile oder gegen die Leistungen anderer Unternehmer, so hat er sie dem Auftraggeber unverzüglich – möglichst schon vor Beginn der Arbeiten – schriftlich mitzuteilen; der Auftraggeber bleibt jedoch für seine Angaben, Anordnungen oder Lieferungen verantwortlich.

§ 13
Mängelansprüche

(3) Ist ein Mangel zurückzuführen auf die Leistungsbeschreibung oder auf Anordnungen des Auftraggebers, auf die von diesem gelieferten oder vorgeschriebenen Stoffe oder Bauteile oder die Beschaffenheit der Vorleistung eines anderen Unternehmers, haftet der Auftragnehmer, es sei denn, er hat die ihm nach § 4 Absatz 3 obliegende Mitteilung gemacht.

§ 6
Behinderung und Unterbrechung der Ausführung

(1) Glaubt sich der Auftragnehmer in der ordnungsgemäßen Ausführung der Leistung behindert, so hat er es dem Auftraggeber unverzüglich schriftlich anzuzeigen. Unterlässt er die Anzeige, so hat er nur dann Anspruch auf Berücksichtigung der hindernden Umstände, wenn dem Auftraggeber offenkundig die Tatsache und deren hindernde Wirkung bekannt waren.

(2) 1. Ausführungsfristen werden verlängert, soweit die Behinderung verursacht ist:
- *a) durch einen Umstand aus dem Risikobereich des Auftraggebers,*
- *b) durch Streik oder eine von der Berufsvertretung der Arbeitgeber angeordnete Aussperrung im Betrieb des Auftragnehmers oder in einem unmittelbar für ihn arbeitenden Betrieb,*
- *c) durch höhere Gewalt oder andere für den Auftragnehmer unabwendbare Umstände.*

2. Witterungseinflüsse während der Ausführungszeit, mit denen bei Abgabe des Angebots normalerweise gerechnet werden musste, gelten nicht als Behinderung.

(3) Der Auftragnehmer hat alles zu tun, was ihm billigerweise zugemutet werden kann, um die Weiterführung der Arbeiten zu ermöglichen. Sobald die hindernden Umstände wegfallen, hat er ohne weiteres und unverzüglich die Arbeiten wieder aufzunehmen und den Auftraggeber davon zu benachrichtigen.

(4) Die Fristverlängerung wird berechnet nach der Dauer der Behinderung mit einem Zuschlag für die Wiederaufnahme der Arbeiten und die etwaige Verschiebung in eine ungünstigere Jahreszeit.

(5) Wird die Ausführung für voraussichtlich längere Dauer unterbrochen, ohne dass die Leistung dauernd unmöglich wird, so sind die ausgeführten Leistungen nach den Vertragspreisen abzurechnen und außerdem die Kosten zu vergüten, die dem Auftragnehmer bereits entstanden und in den Vertragspreisen des nicht ausgeführten Teils der Leistung enthalten sind.

(6) Sind die hindernden Umstände von einem Vertragsteil zu vertreten, so hat der andere Teil Anspruch auf Ersatz des nachweislich entstandenen Schadens, des entgangenen Gewinns aber nur bei Vorsatz oder grober Fahrlässigkeit. Im Übrigen bleibt der Anspruch des Auftragnehmers auf angemessene Entschädigung nach § 642 BGB unberührt, sofern die Anzeige nach Absatz 1 Satz 1 erfolgt oder wenn Offenkundigkeit nach Absatz 1 Satz 2 gegeben ist.

(7) Dauert eine Unterbrechung länger als 3 Monate, so kann jeder Teil nach Ablauf dieser Zeit den Vertrag schriftlich kündigen. Die Abrechnung regelt sich nach den Absätzen 5 und 6; wenn der Auftragnehmer die Unterbrechung nicht zu vertreten hat, sind auch die Kosten der Baustellenräumung zu vergüten, soweit sie nicht in der Vergütung für die bereits ausgeführten Leistungen enthalten sind.

D. Mängelrechte nach Abnahme

I. BGB

§ 633
Sach- und Rechtsmangel

(1) Der Unternehmer hat dem Besteller das Werk frei von Sach- und Rechtsmängeln zu verschaffen.

(2) Das Werk ist frei von Sachmängeln, wenn es die vereinbarte Beschaffenheit hat. Soweit die Beschaffenheit nicht vereinbart ist, ist das Werk frei von Sachmängeln,

1. *wenn es sich für die nach dem Vertrag vorausgesetzte, sonst*
2. *für die gewöhnliche Verwendung eignet und eine Beschaffenheit aufweist, die bei Werken der gleichen Art üblich ist und die der Besteller nach der Art des Werkes erwarten kann.*

Einem Sachmangel steht es gleich, wenn der Unternehmer ein anderes als das bestellte Werk oder das Werk in zu geringer Menge herstellt.

(3) Das Werk ist frei von Rechtsmängeln, wenn Dritte in Bezug auf das Werk keine oder nur die im Vertrag übernommenen Rechte gegen den Besteller geltend machen können.

§ 634
Rechte des Bestellers bei Mängeln

Ist das Werk mangelhaft, kann der Besteller, wenn die Voraussetzungen der folgenden Vorschriften vorliegen und soweit nicht ein anderes bestimmt ist,

1. *nach § 635 Nacherfüllung verlangen,*
2. *nach § 637 den Mangel selbst beseitigen und Ersatz der erforderlichen Aufwendungen verlangen,*
3. *nach den §§ 636, 323 und 326 Abs. 5 von dem Vertrag zurücktreten oder nach § 638 die Vergütung mindern und*
4. *nach den §§ 636, 280, 281, 283 und 311a Schadensersatz oder nach § 284 Ersatz vergeblicher Aufwendungen verlangen.*

§ 635
Nacherfüllung

(1) Verlangt der Besteller Nacherfüllung, so kann der Unternehmer nach seiner Wahl den Mangel beseitigen oder ein neues Werk herstellen.

(2) Der Unternehmer hat die zum Zwecke der Nacherfüllung erforderlichen Aufwendungen, insbesondere Transport-, Wege-, Arbeits- und Materialkosten zu tragen.

(3) Der Unternehmer kann die Nacherfüllung unbeschadet des § 275 Abs. 2 und 3 verweigern, wenn sie nur mit unverhältnismäßigen Kosten möglich ist.

(4) Stellt der Unternehmer ein neues Werk her, so kann er vom Besteller Rückgewähr des mangelhaften Werkes nach Maßgabe der §§ 346 bis 348 verlangen.

§ 637
Selbstvornahme

(1) Der Besteller kann wegen eines Mangels des Werkes nach erfolglosem Ablauf einer von ihm zur Nacherfüllung bestimmten angemessenen Frist den Mangel selbst beseitigen und Ersatz der erforderlichen Aufwendungen verlangen, wenn nicht der Unternehmer die Nacherfüllung zu Recht verweigert.

II. VOB/B

§ 13
Mängelansprüche

(1) Der Auftragnehmer hat dem Auftraggeber seine Leistung zum Zeitpunkt der Abnahme frei von Sachmängeln zu verschaffen. Die Leistung ist zur Zeit der Abnahme frei von Sachmängeln, wenn sie die vereinbarte Beschaffenheit hat

und den anerkannten Regeln der Technik entspricht. Ist die Beschaffenheit nicht vereinbart, so ist die Leistung zur Zeit der Abnahme frei von Sachmängeln,

1. *wenn sie sich für die nach dem Vertrag vorausgesetzte, sonst*
2. *für die gewöhnliche Verwendung eignet und eine Beschaffenheit aufweist, die bei Werken der gleichen Art üblich ist und die der Auftraggeber nach der Art der Leistung erwarten kann.*

(2) Bei Leistungen nach Probe gelten die Eigenschaften der Probe als vereinbarte Beschaffenheit, soweit nicht Abweichungen nach der Verkehrssitte als bedeutungslos anzusehen sind. Dies gilt auch für Proben, die erst nach Vertragsabschluss als solche anerkannt sind.

(3) Ist ein Mangel zurückzuführen auf die Leistungsbeschreibung oder auf Anordnungen des Auftraggebers, auf die von diesem gelieferten oder vorgeschriebenen Stoffe oder Bauteile oder die Beschaffenheit der Vorleistung eines anderen Unternehmers, haftet der Auftragnehmer, es sei denn, er hat die ihm nach § 4 Absatz 3 obliegende Mitteilung gemacht.

(4) 1. Ist für Mängelansprüche keine Verjährungsfrist im Vertrag vereinbart, so beträgt sie für Bauwerke 4 Jahre, für andere Werke, deren Erfolg in der Herstellung, Wartung oder Veränderung einer Sache besteht, und für die vom Feuer berührten Teile von Feuerungsanlagen 2 Jahre. Abweichend von Satz 1 beträgt die Verjährungsfrist für feuerberührte und abgasdämmende Teile von industriellen Feuerungsanlagen 1 Jahr.

2. Ist für Teile von maschinellen und elektrotechnischen/elektronischen Anlagen, bei denen die Wartung Einfluss auf Sicherheit und Funktionsfähigkeit hat, nichts anderes vereinbart, beträgt für diese Anlagenteile die Verjährungsfrist für Mängelansprüche abweichend von Nummer 1 zwei Jahre, wenn der Auftraggeber sich dafür entschieden hat, dem Auftragnehmer die Wartung für die Dauer der Verjährungsfrist nicht zu übertragen; dies gilt auch, wenn für weitere Leistungen eine andere Verjährungsfrist vereinbart ist.

3. Die Frist beginnt mit der Abnahme der gesamten Leistung; nur für in sich abgeschlossene Teile der Leistung beginnt sie mit der Teilabnahme (§ 12 Absatz 2).

(5) 1. Der Auftragnehmer ist verpflichtet, alle während der Verjährungsfrist hervortretenden Mängel, die auf vertragswidrige Leistung zurückzuführen sind, auf seine Kosten zu beseitigen, wenn es der Auftraggeber vor Ablauf der Frist schriftlich verlangt. Der Anspruch auf Beseitigung der gerügten Mängel verjährt in 2 Jahren, gerechnet vom Zugang des schriftlichen Verlangens an, jedoch nicht vor Ablauf der Regelfristen nach Absatz 4 oder der an ihrer Stelle vereinbarten Frist. Nach Ab-

nahme der Mängelbeseitigungsleistung beginnt für diese Leistung eine Verjährungsfrist von 2 Jahren neu, die jedoch nicht vor Ablauf der Regelfristen nach Absatz 4 oder der an ihrer Stelle vereinbarten Frist endet.

2. Kommt der Auftragnehmer der Aufforderung zur Mängelbeseitigung in einer vom Auftraggeber gesetzten angemessenen Frist nicht nach, so kann der Auftraggeber die Mängel auf Kosten des Auftragnehmers beseitigen lassen.

(6) Ist die Beseitigung des Mangels für den Auftraggeber unzumutbar oder ist sie unmöglich oder würde sie einen unverhältnismäßig hohen Aufwand erfordern und wird sie deshalb vom Auftragnehmer verweigert, so kann der Auftraggeber durch Erklärung gegenüber dem Auftragnehmer die Vergütung mindern (§ 638 BGB).

(7) 1. Der Auftragnehmer haftet bei schuldhaft verursachten Mängeln für Schäden aus der Verletzung des Lebens, des Körpers oder der Gesundheit.

2. Bei vorsätzlich oder grob fahrlässig verursachten Mängeln haftet er für alle Schäden.

3. Im Übrigen ist dem Auftraggeber der Schaden an der baulichen Anlage zu ersetzen, zu deren Herstellung, Instandhaltung oder Änderung die Leistung dient, wenn ein wesentlicher Mangel vorliegt, der die Gebrauchsfähigkeit erheblich beeinträchtigt und auf ein Verschulden des Auftragnehmers zurückzuführen ist. Einen darüber hinausgehenden Schaden hat der Auftragnehmer nur dann zu ersetzen,

a) wenn der Mangel auf einem Verstoß gegen die anerkannten Regeln der Technik beruht,

b) wenn der Mangel in dem Fehlen einer vertraglich vereinbarten Beschaffenheit besteht oder

c) soweit der Auftragnehmer den Schaden durch Versicherung seiner gesetzlichen Haftpflicht gedeckt hat oder durch eine solche zu tarifmäßigen, nicht auf außergewöhnliche Verhältnisse abgestellten Prämien und Prämienzuschlägen bei einem im Inland zum Geschäftsbetrieb zugelassenen Versicherer hätte decken können.

4. Abweichend von Absatz 4 gelten die gesetzlichen Verjährungsfristen, soweit sich der Auftragnehmer nach Nummer 3 durch Versicherung geschützt hat oder hätte schützen können oder soweit ein besonderer Versicherungsschutz vereinbart ist.

5. Eine Einschränkung oder Erweiterung der Haftung können in begründeten Sonderfällen vereinbart werden.

Stichwortverzeichnis

(**Fette** Zahlen bezeichnen die Kapitel,
magere die Randnummern)

Stichwortverzeichnis